MIRELA STANLY

Unnützes Wissen RUHRGEBIET

711 ERSTAUNLICHE FAKTEN

emons:

Bibliografische Information der Deutschen Nationalbibliothek

Die Deutsche Nationalbibliothek verzeichnet diese Publikation in der Deutschen Nationalbibliografie; detaillierte bibliografische Daten sind im Internet über http://dnb.d-nb.de abrufbar.

Konzept, Satz und Gestaltung: Weusthoff Noël, Kommunikation.Design, Hamburg

Umschlaggestaltung: Weusthoff Noël, Kommunikation,.Design, Hamburg

Lektorat: Marit Borcherding, München

Druck und Bindung: Legra, Krakau/Polen

ISBN 978-3-7408-0102-1

»WISSEN IST MACHT, UNNÜTZES WISSEN MACHT SPASS!«

Es gibt Bücher über das Ruhrgebiet, über 111 Orte im Ruhrgebiet, die man gesehen haben muss, über die Zechen im Ruhrgebiet, Fördertürme im Ruhrgebiet, die Metropole Ruhr, über Borussia Dortmund, den FC Schalke 04, den VfL Bochum, Rot-Weiss-Essen …

Und jetzt gibt es auch ein Buch mit unnützen Fakten über das Ruhrgebiet. Einfach, knapp, unverschnörkelt.
Unnütz, aber nicht nutzlos.
Denn manche Fakten darin scheinen nur auf den ersten Blick unnütz. Wie zum Beispiel dieser:

»VOR 465 MILLIONEN JAHREN LAG DAS RUHRGEBIET AUF DEM KLEINKONTINENT AVALONIA.«

Wenn du dich nicht gerade unter Geowissenschaftlern bewegst, wird dieser Fakt für dich vermutlich tatsächlich unnütz bleiben. Wenn du aber mit Freunden zufällig mal in der wunderschönen »Stadt zwischen den Ruhrseen« Herdecke einen Boulder-Ausflug machst, wirst du der einzige sein, der erklären kann, warum das Bouldergebiet hier »Avalonia« heißt.

Oder auch dieser Fakt wirkt zunächst total unnütz:

»WÜRDE MAN VOM RUHRGEBIET AUS EIN LOCH DURCH DEN MITTELPUNKT DER ERDE BOHREN, KÄME MAN AUF DER ANDEREN SEITE IM SÜDWESTLICHEN PAZIFIK HERAUS. DER NÄCHSTE BEWOHNTE ORT IST DIE NEUSEELÄNDISCHE INSEL PITT ISLAND«.

Denn weder wird jemand in diesem Jahrhundert Jules Vernes »Reise zum Mittelpunkt der Erde« wahr werden lassen, noch wirst du wahrscheinlich jemals nach Pitt Island, diesen von 45 Menschen bewohnten Flecken Erde, kommen.
Wozu also könntest du diesen Fakt gebrauchen?

Stell dir vor, du bist eines Tages auf einer Party, bei der jemand mit seinen Ruhrgebiet-Kenntnissen prahlt und »Insiderwissen« aus »TripAdvisor.de« zum Besten gibt. Dann wirf doch einfach mal diesen Fakt in die Runde! Mal sehen, was er darauf zu erwidern weiß. Und dann trittst du noch damit nach:

»DEM RUHRGEBIET IST DAS STERNZEICHEN STIER ZUGEORDNET.«

Genau so kann es dir mit allen 711 in diesem Buch versammelten Fakten ergehen.
Was du mit ihnen anfängst, bleibt dir überlassen. Ob du darüber staunst, darüber lachst, damit angibst oder sie einfach als leichte Lektüre auf der Toilette griffbereit hast.

Wir wünschen viel Vergnügen, denn: »Wissen ist Macht, unnützes Wissen macht Spaß!«

Besuch uns auf Facebook:
www.facebook.com/UnnuetzesWissenRuhrgebiet

001 // VON HAMM AUS MIT DEM TAXI DURCH ALLE STRASSEN DES RUHRGEBIETS ZU FAHREN, WÜRDE UNGEFÄHR 9.000 EURO KOSTEN.

002 // Der ***Name der Ruhr*** kommt von der indogermanischen Wurzel reu/ru für »aufreißen, graben«.

003 // Der ***Fluss »Rur«*** ist ein durch Nordrhein-Westfalen fließender Nebenfluss der belgischen Maas. Er wird seit dem Anfang des 20. Jahrhunderts ohne stummes »H« geschrieben, um ihn von der Ruhr unterscheiden zu können.

004 // Laut John Pearson, einem Mitarbeiter und Freund des Bond-Erfinders Ian Fleming, kam ***James Bond*** am 11.11.1920 in ***Wattenscheid*** zur Welt.

005 // Der ***Welthit »I'm a Scatman«*** von Scatman John entstand in einer Dachwohnung eines Mehrfamilienhauses in ***Bottrop***.

006 // Die ***gelben Ortstafeln*** wurden für das Ruhrgebiet erfunden, damit man in diesem Ballungsraum wusste, wo man sich gerade befindet. Später wurde die Idee in ganz Deutschland übernommen.

007 // Die Stadionauslastung im ***Signal Iduna Park*** in Dortmund liegt bei ***99,88 Prozent***.

008 // 2015 wurde in der Wohnung des Bochumer ***Kripo-Chefs*** Andreas Dickel ***eingebrochen***.

009 // Die erste ***Ostereierfärbemaschine*** hat der Landwirt Udo Baumeister 1973 in Breckerfeld erfunden.

010 // Udo Baumeisters Firma in ***Breckerfeld*** ist mit ***60.000 gefärbten Eiern pro Tag*** eine der größten Eierfärbereien der Welt.

011 // Der ***heilige Aloysius von Gonzaga*** im Glasfenster der Kirche St. Joseph in Gelsenkirchen-Schalke trägt ***Fußballschuhe*** sowie blau-weiße Stutzen und spielt mit einem Fußball.

012 // In ganz Deutschland gibt es laut Telefonbuch drei Menschen mit dem ***Nachnamen Ruhri***. Zwei leben in Hasel im Schwarzwald und einer in Bochum.

013 // IN DEN SPEICHER DES GASOMETERS OBERHAUSEN PASST DER INHALT VON ETWA 2,5 MILLIONEN BADEWANNEN.

014 // Es gibt einen ***Anti-Stress-Malblock für Erwachsene***, in dem Orte und Gebäude aus dem Ruhrgebiet ausgemalt werden können.

015 // DER BVB HAT SEIT DER SAISON 1998/99 JÄHRLICH DEN HÖCHSTEN ZUSCHAUERSCHNITT IN DER BUNDESLIGA UND IN EUROPA.

---

016 // In den 1980ern wurde beim Sommerfest in Essen-Rüttenscheidt ein ***»Mister Pilswampe«*** gewählt.

017 // Dem Ruhrgebiet ist das ***Sternzeichen Stier*** zugeordnet.

018 // ***Leonardo DiCaprio*** wohnte in seiner Jugend vorübergehend bei seinen Großeltern in ***Oer-Erkenschwick***.

019 // Der ***erste jemals gebaute »Jaguar«***, ein Motorradbeiwagen »Swallow« aus dem Jahre 1922, befindet sich im Automobil-Museum Dortmund.

020 // Das ***Bier*** in der »Jaguar-Bar« des Automobil-Museums Dortmund wird aus einem umgebauten ***Jaguar-Motorblock*** gezapft.

BVB
09

021 // Die US-Rasiercreme-Firma »Burma Shave« versprach in einem Werbeslogan einen ***Gratis-Trip zum Mars***. Der Gewinner wurde in einem silbernen Raumanzug nach Moers im Ruhrgebiet geschickt, das die Amerikaner »Mars« aussprechen.

022 // ***Papst Johannes Paul II***. war ***Ehrenmitglied*** von Schalke 04 und Borussia Dortmund.

023 // IM LEGOLAND IN OBERHAUSEN KÖNNEN KINDER IHRE EIGENEN DUPLO-STEINE HERSTELLEN.

---

024 // Würde man vom Ruhrgebiet aus ein ***Loch durch den Mittelpunkt der Erde bohren***, käme man auf der anderen Seite im südwestlichen Pazifik heraus. Der nächste bewohnte Ort ist die neuseeländische Insel Pitt Island mit 45 Einwohnern.

025 // Der ***Ku-Klux-Klan*** hat im Ruhrgebiet 13 Ortsvereine.

026 // Bei einer vom Online-Portal »Holiday Extras« durchgeführten Umfrage unter 1.000 Teilnehmern glaubten 60 Prozent, dass ***Düsseldorf im Ruhrgebiet*** liegt. Unter Teilnehmern aus NRW glaubten das noch 47 Prozent.

027 // Im Klinikum Dortmund gibt es in der geriatrischen Klinik einen schwarz-gelb eingerichteten ***BVB-Therapieraum*** und in der Frauenklinik einen ***BVB-Kreißsaal***.

LEGO
LEGOLAND
DISCOVERY CENTRE
SMART EINGANG
VIP EINGANG

028 // Seit 2013 hat Duisburg zwei ***»Hundepolizisten«***, die nicht angemeldete Hunde aufspüren.

029 // Eine Straße genau ***an der Grenze zwischen Waltrop und Lünen*** heißt auf Waltroper Seite Grenzstraße und im Lüner Teil Friedhofsstraße. Jede Straßenseite hat eine andere Telefonvorwahl und eine andere Müllabfuhr.

030 // Fast jedes zehnte Geschäft im CentrO Oberhausen ***verkauft Schuhe***.

031 // Die Helios-Klinik St. Johannes in Duisburg-Hamborn hat von 2014 bis heute eine Zunahme von 24 Prozent an Patienten mit Strecksehnenentzündung, dem sogenannten ***»Handy-Daumen«***, verzeichnet.

032 // Die Internetendung ***».ruhr«*** war die ***erste deutsche Domainendung*** seit der Einführung von ».de« 1986.

033 // ».ruhr« war außerdem die erste Internetendung der Welt ***mit regionalem Bezug***.

034 // Die ***beliebtesten Babyvornamen*** im Ruhrgebiet lauteten 2015 Sophie und Elias.

035 // Die meisten ***Euro-Millionäre*** im Ruhrgebiet leben in ***Essen***, dicht gefolgt vom Ennepe-Ruhr-Kreis.

036 // DIE MEISTGESTOHLENE AUTOMARKE IM RUHRGEBIET IST VW.

037 // Eine Tierpatenschaft im Zoo Duisburg beträgt für ein Stachelschwein ***150 Euro*** im Jahr, für ein Breitmaulnashorn ***1.500 Euro***.

038 // In der Folge 315 der RTL2-Serie ***»Frauentausch«*** kennt die aus Thüringen nach Bergkamen getauschte Mutter das Ruhrgebiet nicht.

039 // DER DORTMUNDER FERNSEHTURM FLORIAN IST UNGEFÄHR SO HOCH WIE 44 GIRAFFEN.

---

040 // Fast ein Fünftel des durch den Bergbau tiefergelegten Ruhrgebiets ***stünde unter Wasser***, wenn es nicht ständig abgepumpt werden würde.

041 // Das ***Abpumpen*** des Wassers im Ruhrgebiet kostet pro Jahr etwa ***66 Millionen Euro***.

042 // Die allererste Homepage, die die Endung ».de« erhielt, war die Seite ***www.uni-dortmund.de***.

043 // Andreas Krug, der über 30 Jahre bei Thyssen-Krupp arbeitete, ließ sich den ***Thyssen-Hochofen »Roter Riese«*** in Duisburg-Hamborn auf den rechten Arm tätowieren.

044 // Im Ruhrgebiet gab es früher die Spezialität ***Taubensuppe.***

045 // Laut Amazon werden die meisten ***romantischen Bücher*** pro Kopf in ***Gelsenkirchen*** bestellt. Die viert- und fünftmeisten Liebesromanleser kommen aus Duisburg und Oberhausen.

046 // Im Ruhrgebiet verbringt ein ***Autofahrer*** durch Staus durchschnittlich 19 Prozent ***mehr Zeit auf der Straße***.

047 // IN DER GEBÄRDENSPRACHE ZEIGT MAN FÜR DIE STADT ESSEN, WIE MAN MIT DER HAND ETWAS ZUM MUND FÜHRT.

048 // Gibt man auf einem Smartphone in ***WhatsApp das Wort »Essen«*** ein, werden Messer und Gabel als Emoji vorgeschlagen.

049 // Essen hieß früher einmal ***Essend***.

050 // Der ***»Düsenfeld«-Brunnen*** auf der Duisburger Königstraße besteht aus ***116 Edelstahldüsen***. Bis 2013 trug der Duisburger Wahlkreis Mitte, auf dem sich die Königstraße befindet, die Nummer ***116***.

051 // Eine ***Haltestelle*** in Lünen heißt ***»Persiluhr«***.

052 // ***Lünen*** war 1983 die erste deutsche Stadt, die von der Firma Henkel eine neue Persiluhr aufgestellt bekam.
Sie befindet sich etwa an der Stelle, an der von 1929 bis zum Zweiten Weltkrieg ***eine nostalgische Werbe-Uhr*** der Marke »Persil« stand.

ESSEN

053 // Auf den ***Wänden der Ruhr-Uni Bochum*** befinden sich unter anderem Werke des ALDI-Nord-Logo-Erfinders Günter Fruhtrunk und des Renault-Logo-Gestalters Victor Vasarely.

054 // Schreibt man in ein Microsoft-Word-Dokument den Dortmunder Stadtteil »Westerfilde«, der die ***zweithöchste Arbeitslosenquote Dortmunds*** hat, wird das Wort rot unterwellt und die ***Autokorrektur*** schlägt stattdessen »Weiterbilden« vor.

055 // ALLE ZWEI WOCHEN FÄHRT EIN CONTAINERZUG AUS DEM CHINESISCHEN CHONGQING 11.000 KILOMETER BIS NACH DUISBURG, UM HIER WAREN AUS FERNOST ANZULIEFERN.

---

056 // Zeitweise sitzt jeder dritte Gefangene der JVA Castrop-Rauxel ein, weil er eine ***Geldstrafe*** nicht gezahlt hat.

057 // Eine in Duisburg geborene Tochter syrischer Flüchtlinge ist das erste Kind mit den ***Vornamen »Angela Merkel«***.

058 // Das Ruhrgebiet liegt im Bereich der sogenannten ***»Blauen Banane«***, einer dicht bevölkerten Zone zwischen Irischer See und Mittelmeer. In ihr befinden sich fast alle zentralen Einrichtungen der EU sowie 20 Weltstädte.

059 // Im Ostwall-Museum im »Dortmunder U« schrubbte eine ***Putzfrau*** 2011 einen Teil der 800.000 Euro teuren ***Installation »Wenn's anfängt durch die Decke zu tropfen«*** weg.

060 // Der ***Ausdruck Ruhrgebiet*** fiel im Jahr 1867 zum ersten Mal.

061 // Der ***Rasen der Veltins-Arena*** liegt in einer Wanne und wird nach den Spielen auf ***teflonbeschichteten Stahlschienen*** ins Freie geschoben, damit er natürlich wachsen kann. Bis der ganze Wagen verschoben ist, vergehen sechs bis acht Stunden.

062 // DIE FARBBESCHICHTUNG DES BERÜHMTEN BUNTEN »LIFESAVER«-BRUNNENS VON NIKI DE SAINT PHALLE AUF DER DUISBURGER KÖNIGSTRASSE IST AUS TEFLON.

---

063 // Der italienische Komponist elektronischer Musik, Gianluigi Di Costanzo, hat den ***Künstlernamen »Bochum Welt«***.

064 // Auf der A40-Rheinbrücke Neuenkamp ist jedes achte ***Blitzer-Foto unbrauchbar***.

065 // Im Jahr 2015 wurden im Ruhrgebiet ***1.532 Kinder und Jugendliche*** im Alter von 10 bis 19 Jahren im Krankenhaus wegen einer ***akuten Alkoholvergiftung*** behandelt.

066 // Vor 465 Millionen Jahren lag das Ruhrgebiet auf dem ***Kleinkontinent Avalonia***.

067 // Ein ***Klettergebiet in Herdecke*** nennt sich »Avalonia«.

068 // In der Bundesliga gibt es ***drei Fußballvereine mit einer 04 im Namen***, zwei davon wurden 1904 gegründet, einer 2004.

069 // Mit 2.669 Paaren stand der Kreis Recklinghausen 2015 an der Spitze der ***Eheschließungen*** im Ruhrgebiet.

070 // 2015 STAHLEN FAHRRADDIEBE AUF DER DUISBURGER KÖNIGSTRASSE DAS RAD VON MARION JÄGER, DER FRAU DES NRW-INNENMINISTERS RALF JÄGER.

071 // Zum Andenken an ihren irischen Gründer wurde um den ***Turm Erin 3 der Zeche Erin*** in Castrop-Rauxel ein ***keltischer Baumkreis***, genannt »Baumhoroskop«, errichtet.

072 // Das ***»Baumhoroskop« in Castrop-Rauxel*** soll auf einen mythischen »Baumkalender« der Kelten zurückgehen, in Wirklichkeit ist er aber eine Erfindung der Frauenzeitschrift »Marie Claire« von 1971.

073 // In Hamm warnte ein Müllwagen von September bis November 2016 beim Abbiegen Radfahrer und Fußgänger akustisch mit ***der deutschen Synchronstimme von Bruce Willis***. Danach musste das System abgebaut werden, weil es keine Genehmigung vom TÜV Nord erhielt.

074 // Von 2012 bis 2016 fand in Bottrop-Kirchhellen die HTWWWM, die offizielle ***Handtaschen-Weitwurf-Weltmeisterschaft***, statt.

075 // Die aktuelle ***Bestmarke*** bei der Bottroper Handtaschenweitwurf-WM liegt bei 46,20 Meter. Das entspricht etwa 355 iPhone-Längen.

076 // Das ***Computerspiel »Notruf 112 – Die Feuerwehr Simulation«*** ist bis ins kleinste Detail der Mülheimer Feuerwache nachempfunden. Auf den Feuerwehrautos und den Anzügen sieht man sogar den Aufdruck »Feuerwehr Mülheim an der Ruhr«.

077 // ***Pro Tag*** werden im Amazon-Logistikzentrum in Rheinberg etwa ***200.000 Artikel ausgeliefert***. Am stärksten Tag kurz vor Weihnachten sind es etwa 425.000 Artikel.

078 // DER ERSTE TURM DER DORTMUNDER REINOLDIKIRCHE GALT 1454 ALS »WUNDER VON WESTFALEN«.

079 // Ein Drittel aller deutschen ***Brieftaubenzüchter*** wohnt im Ruhrgebiet.

080 // Im 19. Jahrhundert nannte man die Brieftauben wegen ihrer Verbreitung im Ruhrgebiet die ***»Rennpferde des Bergmanns«***.

081 // In den 1950ern wurden im Ruhrgebiet etwa ***fünf Millionen Brieftauben*** gehalten.

082 // In der Hügellandschaft Haard im Naturpark Hohe Mark-Westmünsterland gibt es eine ***Landschaft, die »Arschbacken« genannt wird***.

083 // Es existieren 194 Staaten auf der Erde, im Ruhrgebiet leben Menschen aus ***etwa 180 verschiedenen Nationen***.

084 // Duisburgs Polizisten wurden 2015 insgesamt ***222-mal angegriffen***.

085 // 2015 kam in ***Essen*** ein Mädchen mit dem Namen ***Lidl*** zur Welt.

086 // DIE UNI DUISBURG ESSEN HAT SEIT 2008 DAS ERSTE PROREKTORAT DEUTSCHLANDS FÜR DIVERSITY MANAGEMENT (DIM), DAS BILDUNGSFERNEN SCHICHTEN EIN HOCHSCHULSTUDIUM ERMÖGLICHEN SOLL.

087 // Beim Veranstalter Du Tours kann man eine ***Schimmi-Tour*** durch Duisburg buchen.

088 // 1992 schlug die ***Juso-Hochschulgruppe*** vor, die noch namenlose Universität Duisburg ***»Horst-Schimanski-Universität«*** zu nennen.

089 // Ein ***Patient*** bleibt im Ruhrgebiet etwa 7,3 Tage im Krankenhaus.

090 // Im Bernepark in Bottrop-Ebel kann man in einem von fünf ***zu Hotelzimmern umgebauten ehemaligen Kanalrohren*** übernachten und zahlt dafür so viel man möchte.

091 // Die ***Legierung »Nirosta«*** (steht für nicht rostender Stahl) wurde 1912 von Benno Strauß entdeckt und von Krupp patentiert.

092 // Die ***Spitze des Chrysler-Buildings*** in New York besteht aus 4.000 Nirosta-Stahlplatten nach dem Patent von Krupp.

093 // Im Ruhrgebiet kommen auf 100.000 Einwohner etwa 18 ***Psychotherapeuten***.

094 // DORTMUND HEISST EIN ASTEROID DES MITTLEREN HAUPTGÜRTELS IM SONNENSYSTEM.

---

095 // Der in Russland entdeckte ***Asteroid Dortmund*** wurde nach Dortmund benannt, das eine Städtepartnerschaft mit Rostow am Don hat. Bei der Namenseinreichung wurde ***Dortmund*** fälschlicherweise als ***Hauptstadt Nordrhein-Westfalens bezeichnet***.

096 // Die 316 Millionen Jahre alten ***ältesten Dinosaurierabdrücke*** wurden 2015 in Bochum von einer Familie bei einer Wanderung zufällig entdeckt.

097 // Die Herner Firma »Pralinen meiner Stadt« bietet eine Tafel ***Schokolade in Form des Ruhrgebiets*** an.

098 // In Duisburg-Neumühl werden in einer ***Bananenreiferei*** wöchentlich 200 Tonnen grüne Bio-Bananen bereift, bevor sie in den Handel kommen.

099 // Im ***BVB-Fanshop*** kann man einen ***Toaster*** kaufen, der die Buchstaben BVB auf das Toastbrot bräunt. Ist der Toast fertig, erklingt die ***Kulthymne »Borussia«***.

100 // Der Italiener Giovanni Martini aus den Dolomiten war der erste, der zwischen 1903 und 1913 jeden Sommer ***Speiseeis in einem Eiskarren*** ins Ruhrgebiet brachte.

DORTMUND ÜBERRASCHT. DICH.
EINE STADT.
VIELE STÄRKEN.

101 // ***Stube, Stollen und Stirnband*** sind drei Straßen in Hagen.

102 // DER »BOCHUM-EXPRESS« IST EIN BUS DER STADT BOCHUM, DER IN MEHREREN DEUTSCHEN STÄDTEN MENSCHEN, DIE SICH SPONTAN ENTSCHEIDEN, DIREKT NACH BOCHUM FÄHRT. DORT KÖNNEN SIE GRATIS »STARLIGHT EXPRESS«, DAS VONOVIA RUHRSTADION UND DAS »BERMUDA3ECK« BESUCHEN.

---

103 // Die ***Bauchtanzweltmeisterschaft*** findet jährlich in Duisburg statt.

104 // Die 13.500 in Bochum gemeldeten Hunde hinterlassen täglich etwa ***vier Tonnen Kot*** auf Bochums Straßen.

105 // Die ***WAZ*** wurde 1948 in Bochum gegründet, da die dortige Druckerei Laupenmühlen die einzige war, die eine ***funktionierende Druckmaschine*** hatte, die die Erstauflage von 250.000 Blättern bewältigen konnte.

106 // Das Dortmunder Casino Hohensyburg ist das größte und ***umsatzstärkste Casino*** Deutschlands.

BERMUDA3ECK
OUTLET
Ausfahrt

107 // Die höchsten ***Einnahmen durch die Sexsteuer*** hat in NRW Duisburg mit 913.000 Euro. Es liegt damit noch vor Köln mit 816.000 Euro, Oberhausen erreicht mit 353.000 Euro Platz 3.

108 // In der kupfernen ***Grundsteinhülse des Essener Rathauses*** liegen eine Tonbandkassette mit der aufgezeichneten Festrede, Essener Tageszeitungen, deutsche Geldmünzen, die Olympia-Sonderprägung der kanadischen Fünf-Dollar-Münze, ein Essener Stadtplan, Essen-Statistiken und der Ferienspatzkalender 1976.

109 // IM JAHR 2015 HABEN DIE ZOLLFAHNDER DES ZOLLAMTS DORTMUND 56 KILOGRAMM RAUSCHGIFT, 1.643 ECSTASY-TABLETTEN, 52 JOINTS, EINE TONNE WASSERPFEIFENTABAK UND ÜBER 600.000 ZIGARETTEN SICHERGESTELLT.

---

110 // Das abgerissene ***Georg-Melches-Stadion*** in Essen-Bergeborbeck war 1956 das erste Stadion Deutschlands, das mit einer ***Fluchtlichtanlage*** ausgestattet war.

111 // Als 1994 die Westkurve abgerissen wurde, war das Georg-Melches-Stadion bis 2012 das einzige große Stadion Deutschlands mit ***nur drei Tribünen.***

112 // »Union der Helden« hieß ein fotografiertes ***fiktionales Superhelden-Web-Comic***, das im Ruhrgebiet spielte.

113 // In Bochum, Duisburg und Hagen gibt es fünf Mannschaften, die den ***Sport Jugger*** betreiben: eine Mischung aus American-Football und Gladiatorenkämpfen.

114 // Das ***Goldene Buch*** der Stadt Essen ist ein ***Stahlbuch***. Der Einband ist nicht vergoldet, sondern besteht aus Krupp-Stahl.

115 // Die ersten beiden Personen, die sich in das Stahlbuch der Stadt Essen eintrugen, waren Hitler und Göring, weitere Nazigrößen folgten. 1953 wurden alle ***Nazi-Eintragungen*** aus dem Einband genommen und im Stadtarchiv verwahrt.

116 // Die Farben Blau und Weiß des ***ARAL-Logos*** wurden 1927 absichtlich mit Lokalbezug an die Bochumer Stadtfarben angelehnt.

117 // FÜR DIE 4,5 MILLIONEN MENSCHEN IM BEREICH DER DORTMUNDER BUNDESPOLIZEI-INSPEKTION SIND PRO SCHICHT NUR 19 BEAMTE IM EINSATZ.

---

118 // Der Boden unter der einer Achterbahn nachempfundenen ***Skulptur Tiger & Turtle*** in Duisburg-Angerhausen besteht aus einer teilweise mit sieben Schutzhüllen umgebenen ***Schlacke aus Schwermetallen und Bauschutt***.

119 // Die künstlerisch gestalteten Hausnummern in der Siedlung Clarenberg in Dortmund sind mit bis zu acht Metern die ***höchsten freistehenden Hausnummern*** in Deutschland.

120 // Mit 900 PS und ***350 Stundenkilometern Höchstgeschwindigkeit*** kommt die schnellste für die Straße zugelassene Limousine der Welt vom Tuner Brabus aus Bottrop.

121 // 2010 bildeten ***459 Autofahrer*** auf der Essener Zeche Zollverein den ***längsten Mazda MX-5-Korso*** der Welt.

122 // Eine auch ***Senwabarwana*** genannte Stadt in Südafrika in der Provinz Limpopo heißt ***Bochum***.

123 // In der Woolworth-Filiale in Dortmund-Nordstadt gibt es ***keinen Bedarf an Weihnachtsware***.

124 // Der ***rote Teppich***, über den Fürst Albert II. und Charlène Wittstock bei ihrer Hochzeit 2011 in Monaco schritten, wurde vom ***Bochumer Designer*** Jan Kath in Bochum handgefertigt.

125 // IM BOCHUMER STADTPARK STEHT EIN 25 METER HOHER OREGON-AHORN. ER IST DER GRÖSSTE AUSSERHALB DER USA UND DER EINZIGE IN DEUTSCHLAND.

---

126 // ***Essen-Rüttenscheid*** hat das einzige ***Voodoo-Museum*** Deutschlands zu bieten.

127 // Auf der 1992 gefundenen »Bottroper Fährtenplatte« befinden sich die ***Tatzenabdrücke eines eiszeitlichen Höhlenlöwen***, die ersten Löwenspuren dieser Art in Europa.

128 // Der ***Dortmunder Fernsehturm*** heißt Florian, weil er für die Bundesgartenschau 1959 errichtet wurde und der ***Schutzpatron der Floristen*** der heilige Florian ist.

129 // ***Weitere Namensvorschläge*** für den Fernsehturm Florian waren Emscherspargel, Dortmunder Zeigefinger, Kumpel Anton, Hopfenstang und Langer Lulatsch.

130 // Die Post testete in Bochum erstmals die abgasfreie ***Paketzustellung mit Elektro-Scootern*** eines Start-Up-Unternehmens.

131 // Obwohl im Ruhrdeutschen das ***Wort »Pütt«*** für »Zeche, Bergwerk« steht, leitet sich das ***Wort Ruhrpott*** nicht davon ab, sondern steht sinnbildlich für den Schmelztiegel Ruhrgebiet, auf Englisch »melting pot«.

132 // Das ***Bochumer Wappen*** mit seinem plastisch dargestellten Buch ist das älteste bekannte Wappen mit einem dreidimensionalen Element.

133 // IN DORTMUND SIND RUND 29 PROZENT DER STRASSENNAMEN MÄNNLICH UND ETWA 2,9 PROZENT WEIBLICH.

134 // Die Kortum-Gesellschaft zur Erforschung der Regionalgeschichte Bochums hat ihren Hauptsitz in einer ***ehemaligen öffentlichen Bedürfnisanstalt*** im Bochumer Stadtpark.

135 // Der würfelförmige schwarze Anbau an das Deutsche Bergbau-Museum Bochum wird ***»Schwarzer Diamant«*** genannt. Zu seiner Eröffnung schenkte der Bochumer Juwelier Michael Mauer dem Museum einen in Deutschland einmaligen ***schwarzen Diamanten mit 3,4 Karat***.

136 // Vor dem Gebäude der RAG-Stiftung im Essener Südviertel, die den sozialverträglichen Anpassungsprozess des deutschen Steinkohlenbergbaus steuern soll, steht die ***Bronzeskulptur »Dynamik«***.

137 // In Essen werden über 700, in Dortmund 400 und in Bochum etwa 300 ***Airbnb-Wohnungen*** angeboten.

138 // Am 6.9.1969 wurde der Schalker Verteidiger Friedel Rausch beim Derby zwischen Borussia Dortmund und Schalke 04 in Dortmund von dem Hund eines Ordners ***in den Hintern gebissen***.

139 // Beim Rückspiel auf Schalke wurden die Spieler beim Einlauf ***von richtigen Löwen flankiert*** – es waren zahme Löwen aus dem Löwenpark Westerholt in Gelsenkirchen-Buer.

140 // Auf dem Gelände des 1988 geschlossenen ***Löwenparks Westerholt*** in Gelsenkirchen befindet sich heute das ***Chinarestaurant*** Löwenpark.

141 // DIE IM JUNI 2015 UMBENANNTE HALTESTELLE »BERMUDA3ECK/ MUSIKFORUM« HIESS IN GOOGLE MAPS ANFANG 2017 IMMER NOCH »ENGELBERT-BRUNNEN/ BERMUDADREIECK«.

142 // Im März 2009 gelang es Funkamateuren an der Bochumer Sternwarte, mit einer 20-Meter-Parabolantenne zum ersten Mal in Westeuropa ***das Echo eines anderen Planeten***, der Venus, zu empfangen.

143 // Für einen ***Kampfhund*** muss man in Kamen 288 Euro ***Steuer*** zahlen, in Essen 852 Euro.

144 // Die seit September 2016 im Archäologischen Museum Münster ausgestellte sogenannte ***»Münster-Mumie« ist eigentlich eine »Ruhrgebiet-Mumie«***, denn sie wurde im Konrad-Ziegler-Gymnasium in Mülheim an der Ruhr entdeckt und von dort 1978 nach Münster verliehen.

145 // In Deutschland gibt es ***17 Gelsenkirchener Straßen***. Nur in Berlin und in Herne gibt es eine Gelsenkircher Straße. Die Gelsenkircher Straße in Herne wird von der Berliner Straße gekreuzt.

146 // Das Eiscafé Bertram in Essen-Kray verkauft die ***Eissorte »Grubengold«***, die aus Kohle hergestellt wird.

147 // Die heute in Duisburg ansässige Sinalco-GmbH war die ***erste Softdrinkmarke*** des europäischen Kontinents.

148 // IM RUHRGEBIET SAGT MAN, WENN DIE SONNE BRENNT: »DER LORENZ KNALLT«. DAS GEHT AUF DEN HEILIGEN LAURENTIUS, SCHUTZPATRON DER FEUERWEHRLEUTE, ZURÜCK, DER IM HOCHSOMMER AM 10. AUGUST GEFEIERT WIRD. FRÜHER DURFTEN DANN IM HAUS KEINE LAMPEN ANGEZÜNDET WERDEN, UND RUND UM DIESEN TAG IST DER STERNSCHNUPPENSCHWARM DER PERSEIDEN ZU BEOBACHTEN.

149 // Am CentrO Oberhausen fährt in einem Feldversuch der ***erste selbstfahrende Autobus*** Deutschlands.

150 // In einer Dachgeschosswohnung in ***Dortmund-Aplerbeck***, in der Roy Black 20 Jahre lang zeitweise wohnte, ist mit dem Original-Mobiliar von damals ein ***Roy-Black-Museum*** untergebracht.

151 // Fanta wurde 1940 in Essen als ***Ersatzprodukt für Coca-Cola***, für das es keine Rohstoffe am Markt gab, erfunden.

152 // Die damalige Fanta bestand aus ***Molke und Apfelfruchtfleisch***.

153 // Pro Jahr werden im ***Duisburger Zoo*** etwa 250.000 Kilogramm Heu, 125.000 Kilogramm Stroh, 40 Tonnen Fleisch, 100.000 Kilogramm Fisch, 20.000 Salatköpfe, 2 Tonnen Mehlwürmer und 100.000 Heuschrecken verfüttert.

154 // Die ThyssenKrupp USA, Inc. ist mit 21.422 Angestellten der ***elftgrößte deutsche Konzern in den USA***.

155 // Auf Burg Hardenstein in Witten-Herbede soll einst der unsichtbare ***Zwergenkönig Goldemar*** gelebt haben, der die Burg verfluchte.

FOREVER 21
vodafone
TOM TAILOR
DEICHMAN
DAK
AppelrathCüpper
MANGO
Rüschenbeck

156 // JEDEN TAG WERDEN IN BOCHUM 3,6, IN DUISBURG 4,3, IN ESSEN 5,9 UND IN DORTMUND 12,2 TASCHENDIEBSTÄHLE BEGANGEN.

---

157 // Die ***Koi-Fische im Duisburger Innenhafen*** wurden im Jahr 2000 von der damaligen Innenhafen-Entwicklungsgesellschaft dort ausgesetzt. Sie sind nicht besonders wertvolle europäische Nachzüchtungen.

158 // Das Ruhrgebiet von Norden nach Süden in konstanter Geschwindigkeit von 5 Kilometer pro Stunde ***ohne Pause zu durchwandern***, würde 13,4 Stunden dauern.

159 // Der volkstümliche Begriff ***»Borbecker Halblang«*** bezeichnet im Ruhrgebiet ***Kinderkleidung***, die größer gekauft wird, damit das Kind hineinwachsen kann, bzw. alte Hosen, die man im Sommer durch Abschneiden zu kurzen Hosen machte.

160 // Auf dem Markt in Essen-Borbeck ist dem »Borbecker Halblang« mit dem ***Borbecker-Halblang-Brunnen*** von Franz-Josef Kampmann sogar ein Denkmal gesetzt worden.

161 // Das erste je in Deutschland ***im TV übertragene Fußballspiel*** bestritten Hamborn 07 und der FC St. Pauli am 26. Dezember 1952 im Hamburger Millerntor-Stadion (4:3). Von den insgesamt 4.500 Menschen, die damals einen Fernseher besaßen, schauten etwa 4.000 zu.

162 // Die in der Stadt Wetter ansässige Firma ABUS ist Weltmarktführer bei ***Vorhänge- und Zweiradschlössern.***

163 // Alle Autofahrer zusammen stehen im Ruhrgebiet ***täglich 40.000 Stunden im Stau***.

164 // DER SCHRIFTZUG »ESSEN – DIE EINKAUFSSTADT« AM HANDELSHOF WIRD VON 100 NEONRÖHREN ERLEUCHTET.

165 // In Mülheim-Saarn kann man in einem ***Bauwagenhotel*** übernachten.

166 // Auf dem ***Friedhof Gelsenkirchen Beckhausen-Sutum*** können sich ***Schalke-Fans*** ab 2.800 Euro in Sichtweite der Veltins-Arena auf dem in Stadionform angelegten Schalke-Fan-Feld mit blau-weißem Rasen, Toren und Mittelkreis begraben lassen.

167 // Im Ruhrgebiet gibt es ***kein Dreisterne-Restaurant***. Dafür aber zwei Zweisterne-Restaurants und sechs Restaurants mit einem Stern.

168 // In Essen und Mülheim wurden im Jahr 2015 insgesamt 298 ***kleine Waffenscheine*** für Gas- oder Schreckschusswaffen beantragt. Im ersten Halbjahr 2016 waren es bereits 1.557 Anträge.

169 // Jeden Tag werden in Duisburg 1,5, in Bochum 6, in Dortmund 8 und in Essen 9 ***Fahrräder gestohlen***.

170 // Der erste über dem Spielfeld angebrachte ***Videowürfel*** Deutschlands wurde 2001 in der Arena auf Schalke von Philips aufgehängt.

171 // Der erste Spieler, der diesen Würfel während eines Spiels traf, war 2002 ***Oliver Kahn***. Zum ersten Mal in der Bundesligageschichte gab es deshalb einen Schiedsrichterball wegen eines ***Anzeigetafeltreffers***.

172 // Seit 2016 hängt mit vier mal 76 Quadratmetern ein mehr als doppelt so großer Videowürfel in der ***Veltins-Arena***. Er ist ***der größte in Europa***.

173 // AUF DER RÜCKSEITE DES BERÜHMTEN »U« AUF DER WESTFALENHALLE WURDE 2011 EIN »C« FÜR »DIE CONTINENTALE«-VERSICHERUNG ANGEBRACHT. ZUSAMMEN ERGEBEN DIE BEIDEN BUCHSTABEN EIN »CU«, DAS FÜR »SEE YOU« STEHT.

174 // 20 Prozent der ***Besucher des Duisburger Zoos*** kommen aus den Niederlanden.

175 // Laut dem Internetportal preisvergleich.de gibt es deutschlandweit die meisten ***Schwarzfahrer*** in Essen.

176 // Auf dem ***Tierfriedhof*** Oberhausen liegt auch eine Schlange begraben.

177 // 80 Prozent der ***Bärenkunstfelle für die Steiff-Kuscheltiere*** stammen aus einer Manufaktur in der Duisburger Holteistraße.

178 // Vom Brettspiel ***Monopoly*** gab es bereits folgende ***Sondereditionen***: Ruhrgebiet, Bottrop, Essen, Hamm, Herne und Recklinghausen.

179 // Im Bereich des Polizeipräsidiums Bochum fanden im Jahr 2015 haargenau so viele ***Taschendiebstähle*** statt wie in Duisburg im Jahr davor, nämlich 1.319.

180 // Ein ***Ruhr-Vogel*** war früher bei der Jagd ein an einen Stab gebundener ***Lockvogel***, den man zum Flattern brachte, um Raubvögel zum Jagen anzulocken.

181 // DIE ESSENER BORDELLSTRASSE STAHLSTRASSE IST EINE SACKGASSE.

182 // Die Rotlichtstraße in Essen heißt ***Stahlstraße***, während sie in Bochum ***Gußstahlstraße*** heißt.

183 // Michéle Thompson Gruber knackte mit 22 Melonen am 3. September 2016 auf dem Stadtfest in Unna den ***Weltrekord im »Melonenknacken«***.

184 // In Waltrop und Gelsenkirchen gibt es ***Rettungswagen für Tiere***.

185 // Im Ruhrgebiet sind die meisten Menschen ***im Gesundheitswesen beschäftigt***.

186 // ALDI Nord ist bezogen auf die Mitarbeiterzahl der ***achtgrößte Arbeitgeber*** im Ruhrgebiet.

187 // Der erste deutsche unter Sammlern begehrte ***Souvenir-Geldschein mit dem Aufdruck »Null Euro«*** hat Giraffe Kiringo, Tiger Elroy und Koala Thalera aus dem Duisburger Zoo als Motiv.

188 // Der Essener Stadtteil Rüttenscheid beschloss 1895, dass alle Straßen rechts der Kettwiger Chaussee (heute Rüttenscheider Straße) ***männliche***, und die links der Chaussee ***weibliche Vornamen*** erhalten.

189 // DIE POLIZEI BOCHUM HATTE SICH FÜR 2015 DIESES ZIEL GESETZT: WENIGER EINBRÜCHE UND DIESE ÖFTER AUFKLÄREN. 2015 WURDEN 23 PROZENT MEHR EINBRÜCHE IN BOCHUM VERÜBT UND DIE AUFKLÄRUNGSQUOTE SANK UM 11,8 PROZENT.

190 // Der Sage nach soll der Riese ***Tippulus*** seine Wanderschuhe von Lehmklumpen befreit haben. Und so erstand der Tippelsberg in Bochum.

191 // Außerdem soll der Riese ***vom Tippelsberg einen Stein heruntergeworfen*** haben, der als »Lindenstein« im Von-Wedelstaedt-Park in Gelsenkirchen-Ückendorf gelandet ist.

192 // 2014 wurde der Essener Stadtteil Burgaltendorf als der mit der ***höchsten Überschuldung*** angegeben. In Wirklichkeit ist Burgaltendorf aber ein Stadtteil mit der besten Bonität, er wurde mit Essen-Altendorf verwechselt.

193 // Das ***Uni-Klinikum Bergmannsheil*** in Bochum ist das ***älteste Unfallkrankenhaus der Welt***.

194 // Im Keller der Veltins-Arena befinden sich vier Kühlzentren, in denen bis zu ***52.000 Liter Bier*** gelagert werden können. Von hier aus werden durch eine in Europa einzigartige ***5.000 Meter lange Bierpipeline*** alle Gastronomiebetriebe der Arena gleichzeitig versorgt.

195 // Laut Postbank waren 2015 die ***Eigentumspreise von Großstädten im Ruhrgebiet*** niedriger als in Teilen Ostdeutschlands.

196 // Die Medizinstudenten der Ruhr Universität Bochum konnten bei ihren Anatomiekursen im Wintersemester 2016 ***statt Leichen nur Plastikmodellpuppen*** sezieren, da die Lüftungsanlagen zu diesem Zeitpunkt in den Präpariersälen fehlten.

197 // IM ESSENER COLOSSEUMTHEATER WURDE 2015 UND 2016 DIE TV-SHOW »DAS SUPERTALENT« AUFGEZEICHNET.

198 // Die ***Hymne »Steh auf, wenn du Schalker bist«*** (auf die Melodie »Go West« von den Pet Shop Boys) ertönte zum ersten Mal 1997 im Uefa-Cup Halbfinal-Rückspiel gegen C.D. Teneriffa.

199 // Im deutschsprachigen Raum wurde die Fußballhymne zum ersten Mal 1993 von Borussia-Dortmund-Anhängern mit dem Text ***»Olé, jetzt kommt der BVB«*** verwendet.

200 // Eine von Bochumer Studenten erdachte ***Lösung zur Wohnungsnot*** wurde 2016 eine Woche lang in Bochum getestet: Ein aufblasbarer Ballon quetschte sich in eine Baulücke zwischen zwei Häuser und bot 50 Quadratmeter Wohnfläche.

201 // Im Ruhrgebietsdeutsch bedeutet ***»puckeln«*** sich gegenseitig den Rücken zu waschen.

202 // Der erste, der am 5. Oktober 1957 im Westen die ***Funksignale des ersten künstlichen Erdsatelliten Sputnik 1*** empfing, war der Astronom Heinz Kaminski von der Volkssternwarte Bochum.

203 // Der Zoo Duisburg besitzt die ***erfolgreichste Koalazucht*** in ganz Europa.

204 // Eine der Haupteinkaufsstraßen in Recklinghausen heißt ***»Große Geldstraße«***.

205 // In Duisburg-Kaßlerfeld steht an der Mündung der Ruhr in den Rhein die ***Skulptur »Rheinorange«*** von Lutz Frisch. Der Monolith hat die Farbe RAL 2004, die Reinorange heißt.

206 // IN DER ESSENER KREUZESKIRCHE HÄNGEN DIE EINZIGEN VOM POP-ART-KÜNSTLER JAMES RIZZI ENTWORFENEN KIRCHENFENSTER.

207 // ***James Rizzi*** entwarf die beiden Fenster für die Essener Kreuzeskirche 2003. Sie wurden 2016, fünf Jahre nach dem Tod Rizzis im Jahr 2011, eingebaut.

208 // Die ***erste Parkuhr Deutschlands*** wurde am 4. Januar 1954 in Duisburg an der Haupteinkaufsstraße Am Buchenbaum installiert.

209 // Die damals ***»stärksten Männer der Welt«***, die Brüder Franz und Adolf Kuhlmann aus Walsum, zogen 1928 einen 3.000 Kilogramm schweren Wohnwagen an Ketten ***mit den Zähnen*** von Duisburg-Walsum nach Mannheim.

210 // Je nach Methode wurden ***für das Ruhrgebiet drei Mittelpunkte errechnet***: das alte Zechengelände Pluto 2/3/7 in der Wanner Wilhelmstraße, im Gelsenkirchener Emscherbruch am Rande der Zentraldeponie und in der Rolandstraße 49 in Herne-Röhlinghausen.

211 // Weil die ***Rolandstraße in Herne-Röhlinghausen*** der attraktivste Mittelpunkt ist, wurde hier ein Stein »Mittelpunkt des Ruhrgebiets« aufgestellt. Der polnische Geograf Wojciech Smolarek, der diese Stelle ermittelt hat, lebte zufällig 150 Meter Luftlinie davon entfernt.

212 // In der nach einer Viehtränke benannten ***Trankgasse*** in Bochum befand sich 1850 die Scharpenseel-Brauerei und heute die Bar Dorfbrunnen.

213 // Die in Düsseldorf verbotene ***Abkürzung IS auf Autonummernschildern*** ist in den meisten Gemeinden des Ruhrgebiets weiterhin erlaubt.

214 // 64 Millionen Deutsche über 14 Jahre kennen ***Borussia Dortmund.***

215 // 6,2 PROZENT DER DEUTSCHEN LEBEN IM RUHRGEBIET.

216 // Im Umkreis von 500 Kilometern um das Ruhrgebiet leben etwa ***40 Prozent der EU-Bevölkerung***.

217 // Das Ruhrgebiet hat mehr Einwohner als das ***Saarland und Rheinland-Pfalz zusammen***.

218 // In ganz Nordrhein-Westfalen geben die Duisburger am wenigsten für ihren ***Urlaub*** aus.

219 // Jede dritte der 40.000 ***Trinkhallen*** Deutschlands steht im Ruhrgebiet.

220 // Würde man alle Einwohner des Ruhrgebiets Schulter an Schulter nebeneinanderstellen, ergäbe das eine ***Luftlinienstrecke von Waltrop nach Moskau***.

221 // Jürgen Lodemanns Roman »Erinnerungen in der Zornigen Ameise an Geburt, Leben, Ansichten und Ende der Anita Drögemöller und Die Ruhe an der Ruhr« von 1975 war der ***erste Ruhrgebiets-Krimi***.

222 // ***»Die zornige Ameise«*** ist ein Lokal in Essen. Die erste Wirtin soll aufbrausend und gereizt gewesen sein, weshalb sie von den Gästen den Spitznamen »Giftige Migampel« (»giftige Pissameise«) erhielt. Der Name hat sich auf Hochdeutsch und etwas entschärft bis heute für das Lokal erhalten.

223 // Das ***genaueste Verkehrsschild*** Deutschlands war bei seiner Aufstellung im Sommer 2016 die Abzweigetafel nach Lembeck auf der A31, die eine Entfernung von exakt 1.197 Meter anzeigte. Die Zahl wurde inzwischen aufgerundet und überklebt.

224 // DER FRANZÖSISCHE KÜNSTLER YVES KLEIN ENTWICKELTE ZUSAMMEN MIT DEM ARCHITEKTEN WERNER RUHNAU IM GELSENKIRCHENER »MUSIKTHEATER IM REVIER« FÜR SEINE GROSSEN SCHWAMMRELIEFS EIN EIGENES BLAU, DAS GELSENKIRCHENER BLAU.

225 // Das ***Gelsenkirchener Blau*** besteht aus Gelsenwasser, Caparolbinder und einem Ultramarinpigment.

226 // Das Gelsenkirchener Blau des Schwammreliefs im Musiktheater inspirierte Stadtgrafiker Uwe Gelesch zur Wahl der ***Farbe Ultramarinblau*** als ***Leitfarbe*** der Stadt Gelsenkirchen.

227 // Bundesweit fahren 35 Prozent der Arbeitnehmer ***mit dem Fahrrad zur Arbeit***, im Ruhrgebiet sind es acht Prozent.

228 // Der ***Gastronomiebetrieb Havi*** beliefert von Duisburg-Rheinhausen aus alle 1.400 McDonald's-Filialen in Deutschland.

229 // Der ***Dortmunder Tatort*** steht in der Beliebtheitsskala auf Platz 15 aller deutschen Tatort-Ausgaben.

230 // Der ***Begriff »Ruhrgebiet«*** wird erst seit 1927 verwendet, davor waren die Begriffe »Rheinisch-Westfälischer Industriebezirk«, »Rheinisch-Westfälisches Industriegebiet«, »Niederrheinisch-Westfälisches Industriegebiet« oder »Ruhrrevier« geläufig.

231 // ***»Die Ärzte«*** gaben in der Dortmunder Westfalenhalle am 19. Dezember 2011 ein Konzert nur für Frauen (XX-Konzert) und einen Tag darauf eines nur für Männer (XY-Konzert).

232 // VOM STADTNAMEN BOCHUM SIND ETWA 40 VERSCHIEDENE SCHREIBWEISEN ÜBERLIEFERT.

233 // ***Bochum*** wurde früher z.B. Boeken, Bokum, Boekum, Beckum, Böckum, Boykem, Boicheim, Buichem, Bechem, Boychem, Kofbucheim, Buchem, Bochern, Boekem, Buchen, Bochumb, Bockumb, Baukem, Bauckum, Cobuchheim, Cofbuchem, Kaubaukum, Bockum geschrieben.

234 // Im sechsten Teil der Computer-Spielereihe »Civilization« ist das ***»Ruhr Valley« ein Weltwunder***.

235 // Das ***Grönemeyer-Album »4630 Bochum«*** ist mit 2,75 Millionen verkauften Exemplaren das drittmeistverkaufte Album Deutschlands.

236 // Ein ***Tattoostudio*** in Duisburg-Wanheimerort ***verschenkt*** zu Weihnachten Tattoos an Menschen, die sich keines leisten können.

237 // Das Essener ***Football-Team Assindia-Cardinals*** hat den alten lateinischen Namen von Essen für sein Team gewählt.

238 // Die Assindia-Cardinals ist eine von drei deutschen Football-Mannschaften, die in der höchsten Spielklasse mit 6:100 sowie 0:102 (gegen die Berlin Adler) eine ***dreistellige Niederlage*** einstecken musste.

239 // Laut einer Satellitenauswertung ist Bottrop mit 71 Prozent Grünfläche die ***grünste Stadt im Ruhrgebiet***.

240 // JÄHRLICH KOMMEN 23 MILLIONEN BESUCHER INS CENTRO OBERHAUSEN, DAS GRÖSSTE EINKAUFSZENTRUM DEUTSCHLANDS.

---

241 // Bislang wurden fünf Spieler eines Ruhrgebietsvereins zum ***»Fußballer des Jahres«*** gewählt. Vier spielten für Borussia Dortmund, einer für den FC Schalke 04.

242 // Klubi 04 ist ein ***finnischer Fußballverein***, der in der finnischen Liga Kakkonen (KAK) spielt.

243 // In Duisburg sind Hunde von Obdachlosen und Bootshunde von Binnenschiffern ***von der Hundesteuer befreit***.

244 // Weil die freiwillige Feuerwehr Duisburg-Bergheim 2015 ***nur drei Löscheinsätze*** hatte, wurde sie 2016 aufgelöst.

245 // In Witten gibt es eine ***evangelische Popakademie*** für moderne Kirchenmusik. Dort kann man seit 2016 erstmals in Deutschland den Bachelor in »Kirchlicher Popularmusik« machen.

246 // Die ***Ehrenbürgerschaft Adolf Hitlers*** wurde in Gladbeck im Jahr 2010, in Castrop-Rauxel 2011 aberkannt. In Lünen wurde 2016 ein Antrag auf Aberkennung gestellt.

247 // In Herten befindet sich ein ***Privatmuseum »Brauchtum zur Taufe«*** mit 2.600 Exponaten.

248 // Die Dortmunder Union-Brauerei braute im Zweiten Weltkrieg ***Bier für die Soldaten an der Front***.

249 // Unter dem Dortmunder Unionviertel wurde während des Zweiten Weltkriegs der ***größte zivile Luftschutzbunker*** der Welt gebaut, der zum Teil immer noch existiert.

250 // DIE LICHTINSTALLATIONEN AUF DEM TURM »DORTMUNDER U« BESTEHEN AUS 1,7 MILLIONEN LEUCHTDIODEN.

---

251 // Die täglich wechselnden Lichtinstallationen auf dem »Dortmunder U« werden von einem eigenen technischen Leiter vom zweiten Stock des Turmes aus ***24 Stunden lang betreut***.

252 // Das »U« auf der ehemaligen Union-Brauerei in Dortmund war anfangs ***aus Pappe***.

253 // Im Gegensatz zur Berliner Currywurst, die aus einer Brühwurst mit oder ohne Darm besteht, ist die ***Ruhrgebiets-Currywurst*** eine Bratwurst, die nicht gepökelt und nicht geräuchert ist und statt einer Currysauce auch mit Schaschlik-, Zigeuner- oder Jägersauce serviert werden kann.

254 // Der Duisburger Zoo ist mit einer Million Besuchern pro Jahr der ***zwölftbestbesuchte Zoo*** in Deutschland.

255 // Acht Prozent der Bochumer haben sich ***aus Furcht vor einem Verbrechen*** einen Hund angeschafft.

256 // Die 2008 verstorbene Schauspielerin Tana Schanzara (»Männerpension«) wurde die ***»Perle des Ruhrgebiets«*** genannt.

257 // In Duisburg gibt es mit 215 die meisten Straßennamen im Ruhrgebiet, die ***mit »Am …« beginnen:*** von Am Alefskamp bis Am Zoo.

258 // DAS DEUTSCHE BERGBAU-MUSEUM BOCHUM IST DAS GRÖSSTE BERGBAUMUSEUM DER WELT.

---

259 // Nach einer Umfrage der Technischen Universität Braunschweig 2016 ist ***Borussia Dortmund Deutschlands beliebtester Verein*** der ersten und zweiten Liga.

260 // »Tante Trine« in Recklinghausen ist der ***erste verpackungsfreie Laden*** im Ruhrgebiet.

261 // Gelsenkirchen hieß früher wegen der unzähligen Fackeln, mit denen in den Kokereien das überschüssige Grubengas verbrannt wurde, auch die ***»Stadt der tausend Feuer«***.

262 // Das ***erste Länderspiel einer Frauenfußballmannschaft*** fand trotz DFB-Verbots im September 1956 im Stadion Mathias Stinnes in Essen-Karnap zwischen Deutschland und den Niederlanden statt (2:1).

263 // Alle sechs Minuten geschieht eine ***Straftat*** in Dortmund.

264 // Der Duisburger Kult-Tatort-Kommissar Horst Schimanski fuhr in der Serie einen ***Citroën CX 25***. Die nach ihm benannte Horst-Schimanski-Straße in Duisburg ist ***25 Meter lang***.

265 // Das ***»Tausendfensterhaus«*** in Duisburg-Ruhrort hat in Wirklichkeit nur 510 Fenster.

266 // DIE WESTDEUTSCHE ALLGEMEINE ZEITUNG IST DIE GRÖSSTE REGIONALZEITUNG DEUTSCHLANDS.

---

267 // Die ***Feuerwehr Dortmund*** hat durchschnittlich alle 3 Minuten und 52 Sekunden einen Einsatz.

268 // Während in Bayern ein besonders starkes Bockbier »Doppelbock« genannt wird, versteht man im Ruhrgebiet unter ***Doppelbock ein zweistrebiges Fördergerüst***.

269 // ***Alte Bohrschlämme*** der Erdölindustrie in Niedersachsen werden im Ruhrgebiet entsorgt.

270 // Die ***Zeche*** war ursprünglich eine »Vereinigung zu gemeinsamen Zwecken«, also auch ein Zusammenschluss mehrere Personen zum Zweck, ein Bergwerk zu betreiben.

271 // 29 weibliche Angestellte des Gelsenkirchener Foto-Unternehmens Heinze erstritten 1981 vor dem Bundesarbeitsgericht die gleiche Bezahlung wie ihre männlichen Kollegen und waren damit wegweisend für die ***tarifliche Gleichberechtigung***.

272 // Muslime aus ganz Nordrhein-Westfalen lassen verstorbene Angehörige auf dem Friedhof am Hallo in Essen-Stoppenberg begraben, weil die ***Gräber Richtung Mekka*** ausgerichtet sind.

273 // Die Entfernung ***Ruhrgebiet – Mekka*** beträgt 4.370 Kilometer Luftlinie.

274 // IN HIROSHIMA LÄUTEN SEIT 1953 BIS HEUTE TÄGLICH VIER VOM BOCHUMER VEREIN IM SPEZIELLEN GUSSVERFAHREN HERGESTELLTE GLOCKEN.

275 // Die vier Glocken sollen eine ***Friedensbotschaft Deutschlands*** an Hiroshima sein, tatsächlich war die Schenkung aber eine PR-Maßnahme für die deutsche Glockenfabrikation.

276 // Die erste ***ökumenische Stadionkapelle*** in Deutschland wurde 2001 in der Arena auf ***Schalke*** direkt neben den Spielerkabinen eingerichtet. Seitdem sind darin über 2.000 Kinder getauft und 1.000 Ehepaare verheiratet worden.

277 // Obwohl man »weiß« sowohl nach alter als auch nach neuer Rechtschreibung mit scharfem S schreibt, schreibt sich ***Rot-Weiss-Essen*** aus historischen Gründen offiziell mit Doppel-S.

278 // Die Mitgliedsnummer von ***Ehrenmitglied Pelé*** beim Fußballverein Rot-Weiss-Essen lautet 23101940.

279 // Bei der Polizei Gelsenkirchen gibt es die »BAO WED«, die »Besondere Aufbauorganisation Wohnungseinbruchsdiebstahl«, eine ***Spezialeinheit***, die sich nur mit ***Wohnungseinbrüchen*** beschäftigt.

280 // In Duisburg sind 341 ***gefährliche Hunde*** gemeldet.

281 // Der Begriff »***Gelsenkirchener Barock***«, der für die kitschig-ausladende Möblierung in Arbeiterwohnungen steht, hat mit Gelsenkirchen nichts zu tun. Ursprünglich wurde der Stilmix von alten Zechen und neuen expressionistischen Bauten in Gelsenkirchens ***Flaniermeilen in den 1920ern*** so bezeichnet.

282 // BEIM WEIHNACHTSMARKT AUF DEM HANSAPLATZ IN DORTMUND STEHT JEDES JAHR DER GRÖSSTE WEIHNACHTSBAUM DER WELT. ER IST 45 METER HOCH, 40 TONNEN SCHWER UND IST MIT 48.000 LICHTERN UND EINEM VIER METER HOHEN ENGEL GESCHMÜCKT.

283 // Die im Duisburger Vinckekanal liegende »Oscar Huber« ist der letzte erhaltene ***Raddampfer auf dem Rhein***.

284 // Am ***Autobahndreieck Essen-Ost*** passierten in der ersten Hälfte des Jahres 2016 fast genauso viele ***Unfälle*** wie im ganzen Jahr 2015.

285 // Im Stadtgebiet von Dortmund gehen täglich 50 Kontrolleure auf die ***Jagd nach Schwarzfahrern***.

286 // Schwarzfahrer richten in Dortmund einen jährlichen Schaden von ***4,5 Millionen Euro*** an.

287 // An der Fernuniversität Hagen sind die ***meisten Studierenden*** in Deutschland eingeschrieben.

288 // Ex-Nationalspieler und DFB-Manager Oliver Bierhoff, der ehemalige deutsche Außenminister Guido Westerwelle und ZDF-Moderatorin Karen Webb haben einen ***Abschluss an der Fernuni Hagen*** erworben.

289 // In Duisburg gibt es nur noch ***38 Vollerwerbsbauern***.

290 // 1904 DIRIGIERTE RICHARD STRAUSS »ALSO SPRACH ZARATHUSTRA« PERSÖNLICH BEI DER EINWEIHUNG DES GRÖSSTEN KONZERTSAALS DES RUHRGEBIETS, DER PHILHARMONIE ESSEN.

291 // Der Duisburger Wolfgang Müller hat sämtliche ***Gemälde Vincent van Goghs kopiert*** und stellt sie in seiner den Gemälden Van Goghs nachempfundenen Wohnung in Duisburg-Meiderich aus.

292 // Laut Überlieferung war ein gewisser Bergmann Korte aus Essen-Stiepel der ***»Robin Hood des Ruhrgebiets«***.

293 // Im Juli 2016 hat es in Marl ***279 Liter pro Quadratmeter geregnet***, so viel wie seit 1891 nicht mehr.

294 // Im Seepark Horstmar befinden sich ***acht Büsten aus der ehemaligen Sowjetunion***, darunter auch eine von Lenin. Sie sollten in den Hüttenwerken Kayser eingeschmolzen werden, wurden aber von Arbeitern davor bewahrt.

295 // Bottrop hieß früher wegen der vielen Einwanderer aus Polen auch ***»Klein-Warschau«***.

296 // Jedes sechste Schulkind in Duisburg ist ***zu dick***, in NRW dagegen nur jedes zehnte.

297 // Jeder fünfte Ruhrgebietsbewohner befindet sich ***im Rentenalter***.

298 // DIE 907 MODERNEN MÜLLEIMER IN DER BOCHUMER INNENSTADT HEISSEN »TWINBIN«.

299 // 2015 gewann die Brieftaube »Sanjay 1« des Esseners Karlheinz Koch die »South African Million Dollar Pigeon Race«. ***Die Taube musste in Südafrika bleiben***, die Ausfuhr von Tauben ist dort verboten.

300 // Das Musikfestival »Internationale Essener Songtage 1968« gilt als die ***Geburtsstunde eigenständiger deutscher Rockmusik***.

301 // Die ***»Internationalen Essener Songtage«*** mit 40.000 Zuschauern fanden elf Monate vor Woodstock statt.

302 // Die Rotlichtstraße Gußstahlstraße in Bochum wird im Volksmund ***Eierberg, Gurke oder Riemenwalzwerk*** genannt.

303 // Die Stadt Hamm hieß von 1882 bis 1955 ***Bad Hamm*** und war ein Badekurort. Heute erinnert daran nur noch der Stadtteil Bad Hamm.

304 // Die Stadt Bochum hat als einzige im Ruhrgebiet eine ***Stolpersteine-App***.

305 // Die Duisburgerin Luise Albertz wurde 1946 als Bürgermeisterin von Oberhausen die ***erste weibliche Bürgermeisterin*** einer deutschen Großstadt.

306 // DER KATHOLIKENTAGSBAHNHOF WURDE 1949 NUR ALS PROVISORIUM FÜR DEN WELTKATHOLIKENTAG IN BOCHUM FÜR VIER TAGE GEBAUT UND BLIEB ACHT JAHRE DER WICHTIGSTE BAHNHOF IN BOCHUM.

---

307 // Das ***erste Eisenwerk des Ruhrgebiets*** war bereits 1758 die St. Antony-Hütte in Oberhausen-Klosterhardt. Sie gilt als »Wiege der Ruhrindustrie«.

308 // Bei einem Konzert der Hardrocker ***Led Zeppelin*** 1973 in der Essener Grugahalle sollen höhere ***Dezibel-Werte*** gemessen worden sein als beim Start eines Düsenjets.

309 // St. Urbanus in Gelsenkirchen-Buer ist die ***mitgliederstärkste Pfarrei*** in ganz Deutschland.

310 // Mit ihren etwa 40.000 Gemeindemitgliedern ist die ***Pfarrgemeinde St. Urbanus*** größer als das Bistum Görlitz mit ca. 29.000 Katholiken.

311 // 38,1 Prozent der Ruhrgebiets-Fläche wird ***landwirtschaftlich genutzt***.

312 // 1983 wurde in Witten Deutschlands ***erste Privatuniversität*** mit anfangs 27 Medizinstudenten eröffnet.

313 // Im Ruhrgebiet gibt es noch etwa ***19 Paternosteraufzüge***, die zum Teil aber nicht für die Öffentlichkeit zugänglich sind.

314 // AN DER UNIVERSITÄT DUISBURG-ESSEN UNTERSUCHT EIN EIGENER STUDIENZWEIG »WIRTSCHAFTSPSYCHOLOGIE« DAS KAUFVERHALTEN VON KONSUMENTEN.

---

315 // Einmal im Jahr ***fließt die Ruhr in Mülheim rückwärts***. Nämlich dann, wenn das Rückpumpwerk Kahlenberg bei Essen-Horst, das bis 1950 die Trinkwasserversorgung sicherstellte und bei Bedarf den Fluss rückwärts fließen lassen konnte, eine Betriebskontrolle hat.

316 // Der ***Asteroid Essen*** wurde am 2. September 2003 an der Essener Walter-Hohmann-Sternwarte entdeckt.

317 // In Castrop-Rauxel führt über die Dortmunder Straße eine sogenannte ***»Soda-Brücke«***, die so heißt, weil sie Teil einer Fehlplanung und eigentlich nur »so da« ist.

318 // Die »Soda-Brücke« dient seit über 30 Jahren als ***Anschauungsobjekt für Bauingenieur-Studenten*** der Universitäten Bochum und Dortmund.

SERVICE PLUS
Abholstation im EG

Zugang

319 // BEI DER ERÖFFNUNG DES U-BAHNHOFS DEUTSCHES BERGBAU-MUSEUM IN BOCHUM 1989 WURDE ER VON DER BILD-ZEITUNG ALS »DEUTSCHLANDS SCHÖNSTER U-BAHNHOF« TITULIERT.

320 // In Gelsenkirchen und Bottrop gab es 2015 mit je 5,6 Prozent ***die meisten Krankschreibungen*** des Ruhrgebiets und NRWs.

321 // In Essen lebte 2015 ***je ein Einwohner*** aus Fidschi, Botswana, den Komoren, Senegal, Panama, dem Königreich Bhutan, Jordanien, Kambodscha, den Britischen Überseegebieten und den Seychellen.

322 // Die Schwebebahn in Dortmund war bei ihrer Öffnung 1984 das ***erste fahrerlose vollautomatische Verkehrsmittel*** der Welt.

323 // Die ***Hundesteue***r für einen Hund kostet in Hamminkeln 54 Euro, in Hagen 180 Euro.

324 // Die Hundesteuer für einen ***Kampfhund*** beträgt in ***Hamminkeln*** 54 Euro, in ***Sprockhövel*** 900 Euro.

325 // Der ***Schalker Kreisel*** ist eine ***Taktik im Fußball*** mit kurzen direkten Pässen, die in den 1920er-Jahren vom Schalke-04-Spieler Ernst Kuzorra entwickelt wurde. Heute ist sie als One-Touch-Fußball bekannt.

326 // Mit 23 Jahren beim FC Schalke 04 war ***Ernst Kuzorra*** einer der wenigen Spieler, die in ihrer Karriere nur für einen Verein gespielt haben.

327 // Den ***Tabakladen***, den Ernst Kuzorra seit 1945 führte und den Schalke-Legende ***Stan Libuda*** 1974 übernahm, gibt es heute noch in der Kurt-Schumacher-Straße auf der »Schalker Meile«.

328 // Der ***Honig*** der acht auf dem Dach der RAG Montan Immobilien bei der Zeche Zollverein in Essen gehaltenen Bienenvölker wird unter dem Namen ***»Zechengold«*** verkauft.

329 // Unter den 50 ***meistbesuchten Einkaufsstraßen*** Deutschlands rangieren vier aus dem Ruhrgebiet.

330 // DIE SECHSTMEISTBESUCHTE EINKAUFSSTRASSE DEUTSCHLANDS IST DER WESTHELLENWEG IN DORTMUND MIT ÜBER 9.000 PASSANTEN PRO STUNDE.

331 // Der deutsche Bodybuilder und Hollywood-Actiondarsteller ***Ralf Möller*** trainierte in den 1980er/1990er-Jahren in einem ***Fitnessstudio in Oer-Erkenschwick***.

332 // In den Duisburger Helioskliniken und im Johanniter-Krankenhaus in Rheinhausen wurde aus hygienischen Gründen der ***Arztkittel abgeschafft***.

333 // Zwischen 2015 und 2016 stiegen die ***Mietpreise*** im Ruhrgebiet durchschnittlich um 2,5 Prozent.

334 // Die Facebookseite ***»Pottgeflüster – Dinge, die einer ausm Pott nicht sagt«*** hat etwa 70.000 Fans.

335 // Die ***erste deutsche Sitcom*** war die in einer Reihenhaussiedlung in Bochum-Wattenscheid angesiedelte berühmte Serie »Ein Herz und eine Seele« mit ***Ekel Alfred*** Tetzlaff als Aushängeschild.

336 // »Ein Herz und eine Seele« war die erste Fernsehserie, die das ***politische Tagesgeschehen*** aufgriff.

337 // ***»Ein Herz und eine Seele«*** war die ***Adaption*** der amerikanischen Fernsehserie »All in the Family«, die wiederum auf der britischen Serie »Till Death Us Do Part« basiert. Das Vorbild für Alfred Tetzlaff hieß hier Alf.

338 // DIE NACHBILDUNG EINER MECHANISCHEN VERKEHRSAMPEL MIT EINEM ZEIGER, DIE SOGENANNTE HEUER-AMPEL, HÄNGT IN BOCHUM AN DER KREUZUNG BONGARDSTRASSE/ KORTUMSTRASSE.

339 // Die meisten ***Arbeitsunfähigkeitstage*** in NRW fielen 2016 mit 20,9 Tagen in Herne an.

340 // In Essen-Rüttenscheid existierte von 1926 bis 1930 ein fester Vergnügungspark, genannt Prater, in dem eine ***Liliputaner-Stadt*** stand.

341 // Jährlich besuchen 1,5 Millionen Menschen die ***Zeche Zollverein***.

342 // Die Goethe-Universität Frankfurt ***filmte die drei Elefanten und vier Giraffen des Duisburger Zoos*** ein Jahr lang mit Überwachungskameras, um ihre Schlafgewohnheiten zu studieren.

343 // Der Texas Hold'em Club Bochum ist der ***einzige Pokerverein*** des Ruhrgebiets.

344 // Der Düsseldorfer Stadtteil Angermund hat die ***Vorwahl*** von Duisburg.

345 // Für sein bekanntes Aufdeckungsbuch »Ganz unten« recherchierte Günter Wallraff undercover als ***Leiharbeiter Ali*** bei Thyssen in Duisburg-Bruckhausen.

346 // DAS BRATWURSTHAUS IN DER BOCHUMER INNENSTADT WURDE DURCH DEN SONG »CURRYWURST« VON HERBERT GRÖNEMEYER BEKANNT. ES WIRD IM LIEDTEXT ZWAR NICHT ERWÄHNT, DER TEXTER, SCHAUSPIELER DIETHER KREBS, ERZÄHLTE ABER OFT, DASS ER ZU DEM LIED DURCHS CURRYWURSTESSEN IM BRATWURSTHAUS WÄHREND SEINER ZEIT AM BOCHUMER SCHAUSPIELHAUS INSPIRIERT WURDE.

347 // In NRW sind nur in Köln ***mehr Einbrecher*** unterwegs als im Kreis Recklinghausen.

348 // In der originalgetreu eingerichteten ***Ferienwohnung*** Vierspänner in der Zechensiedlung Ottekampshof in Essen kann man in einer ***Original-Zinkbadewanne*** aus dem Jahr 1899 baden.

349 // Die ***VfL-Bochum-Trikots*** der Spielzeit 1997/98 im ***Regenbogenlook*** des Sponsors Faber wurden von der SZ und dem »11 Freunde«-Magazin zu den hässlichsten Trikots der deutschen Fußballgeschichte gewählt.

350 // Borussia-Dortmund-Spieler Marco Reus hatte in der Spielsaison 2015/16 einen ***Marktwert von 40 Millionen Euro***.

351 // Das ***Gehalt von Marco Reus*** betrug in der Saison 2015/2016 zehn Millionen Euro.

352 // 2016 zählte das Ruhrgebiet laut Radreiseanalyse des Deutschen Fahrrad-Clubs zum ersten Mal zu den Top Ten der ***beliebtesten Radregionen*** in Deutschland.

353 // Der Alpener Klaus Peter Beier hat die ***Weltrekorde*** im Dauerachterbahnfahren, der Errichtung der längsten Kugelbahn der Welt und der Fertigung der längsten Papierkette der Welt aufgestellt.

354 // DAS DEPORTATIONS-MAHNMAL DUISBURG HAUPTBAHNHOF, DAS AN 130 JÜDISCHE KINDER ERINNERT, DIE MAN IM NATIONALSOZIALISMUS VON DUISBURG AUS IN KZS VERSCHLEPPT HATTE, WURDE VON THYSSENKRUPP STEEL EUROPE REALISIERT. 1944 MUSSTEN IN DER FRIEDRICH KRUPP AG 500 JÜDISCHE ETWA ZWANZIGJÄHRIGE FRAUEN ALS ZWANGSARBEITERINNEN SCHUFTEN, DIE AUS UNGARN IN DEUTSCHE KZS DEPORTIERT WORDEN WAREN.

355 // Das Deportations-Mahnmal Duisburg Hauptbahnhof ist ohne Sockel ***820 Kilogramm schwer.***

356 // Für den ***ersten Sponsor des BVB***, den holländischen Tabakkonzern Samson, wurde 1976 sogar das Logo des Fußballvereins verändert. Statt des BVB-Schriftzugs prangte der ***Samson-Löwenkopf auf dem Logo***.

357 // Marlies Rosin, Mutter von TV-Koch Frank Rosin, führte von 1976 bis 2010 den ***Glückauf Grill in Dorsten-Hervest*** .

358 // Auf dem ***»Brunnen des Glücks«*** im Hof des Bochumer Rathauses war ein Engelchen mit leerer Geldbörse zu sehen, das den Optimismus verkörperte. Außerdem gab es ein Engelchen mit Ehering und Pantoffel, das für die Ehe stand.

359 // Der zurückgetretene frühere Bundespräsident Christian Wulff war 2016 ***Gastprofessor*** für Politikmanagement an der Universität Duisburg-Essen.

360 // Dieselbe Firma, die für den BVB-Fanshop die Süßigkeit ***»Dortmunder Speck«*** herstellt, verkauft den Speck in jeweils anderen Vereinsfarben auch als Bayernspeck, Werder Speck, Löwen-Speck, Hannover Speck, Hamburger Speck, Hertha-Speck, Schwabenspeck und Wolfsspeck.

361 // IN DUISBURGS BAHNHÖFEN UND HALTESTELLEN KOMMT ES TÄGLICH ZU ETWA 15 STÖRUNGEN BEI ROLLTREPPEN.

362 // Im Kreis Recklinghausen wird statistisch gesehen alle drei Stunden irgendwo ***eingebrochen***.

363 // Der ***erste urkundliche Beleg*** für Kohlebergbau stammt aus dem Jahre 1296 aus Dortmund.

364 // Das Big Tipi im Dortmunder Fredenbaumpark ist mit 35 Metern Höhe und einer Grundfläche von über 360 Quadratmetern das ***größte Indianerzelt der Welt***.

365 // Bereits 1891 gastierte die erste »Buffalo Bill's Wild West Show« mit einer »Indianer-Schau« im ***Fredebaumpark***.

366 // Im Ruhrgebiet gibt es etwa ***80.000 Schrebergärten***.

367 // Herne ist mit 3.031 Einwohnern je Quadratkilometer nicht nur die ***am dichtesten besiedelte Stadt*** des Ruhrgebiets, sondern steht nach Berlin und München auch an dritter Stelle in ganz Deutschland.

368 // Am Recklinghauser Kirchplatz und auf dem Markt in Haltern stehen ***tastbare Stadtmodelle*** für Blinde und Sehbehinderte.

369 // Das Pferd im Wappen von Herne gehört zur 1840 ausgestorbenen Rasse ***»Emscherbrücher Dickkopp«***.

370 // ES GIBT VIELE BESCHWERDEN ÜBER DIE ÜBERGROSSE »BACKWERK«-WERBUNG UNTER DEM EHEMALIGEN BAHNHOFSFENSTER AM GELSENKIRCHENER BAHNHOFSVORPLATZ. DABEI WAR DORT VORHER EINE EBENSO GROSSE »BOECKER«-WERBUNG ANGEBRACHT UND DAVOR IM ALTEN BAHNHOFSGEBÄUDE EIN WERBESCHILD FÜR DEN BANKVEREIN WESTDEUTSCHLAND.

371 // Das ***Prinzenpaar des Hamminkler Karnevalvereins*** Dingden bestand 2016 aus ***zwei Frauen***, deren Männer Karnevalsmuffel sind.

372 // In der Galeria Kaufhof in Essen kann man Pralinenschachteln mit der Aufschrift ***»Gruß aus Essen«*** kaufen. Zur Oktoberfestzeit liegen direkt daneben exakt dieselben Pralinenschachteln mit dem Schriftzug ***»Gruß aus München«***.

373 // Der FC Schalke 04 zahlte für den Spieler Breel Embolo vom FC Basel die bisherige ***Rekordablösesumme*** des Vereins in Höhe von 27,5 Millionen Euro.

374 // 1843 braute Heinrich Wenker in der Krone am Markt in Dortmund erstmals untergäriges Bier (Exportbier) im Ruhrgebiet und legte damit den ***Grundstein für das Entstehen von Großbrauereien*** und Dortmunds Aufstieg als Europas größter Bierproduzent.

375 // Die Renovierung des ***Kult-Paternosteraufzugs im Bochumer Rathaus*** hat etwa 95.000 Euro gekostet.

376 // Das ***Musical »Starlight Express«***, das seit 1988 im Bochumer Starlight-Express-Theater läuft, ist mit über 16 Millionen Besuchern das erfolgreichste Musical der Welt an einem Standort.

377 // Der 1936 eröffnete Kiosk Dahlke in Gelsenkirchen ist die ***älteste noch geöffnete Trinkhalle*** des Ruhrgebiets.

378 // Jede Frau hat 2015 im Vest statistisch gesehen ***1,5 Kinder*** zur Welt gebracht.

379 // DURCHSCHNITTLICH FÄHRT IN DUISBURG JEDER 20. FAHRGAST SCHWARZ.

380 // Die Firma G DATA, die 1987 die ***erste Antivirus-Software*** weltweit entwickelte, wurde 1985 in Bochum gegründet.

381 // Die Duisburger ***Marientor-Brücke***, über die täglich etwa 9.300 Fahrzeuge rollen, war 1970 ursprünglich für fünf bis zehn Jahre errichtet worden.

382 // Der ***Quadratmeter*** eines Ladenlokals in Toplage der ***Dortmunder Innenstadt*** kostet durchschnittlich 220 Euro kalt.

383 // Die ***schärfste Currywurst der Welt*** gibt es bei »Die Currywurst« in Wanne-Eickel. Die schärfste Currysauce wird mit Capsaicin-Kristallen hergestellt und hat den Schärfegrad 16 Millionen Scoville (Tabasco hat 3.000 Scoville).

384 // Bei dem Projekt ***»Still-Leben Ruhrschnellweg«*** wurde am Sonntag, den 18. Juli 2010 die Bundesautobahn 40 über eine Strecke von 60 Kilometer von Duisburg bis Dortmund (Abfahrt Märkische Straße) ***für den motorisierten Verkehr gesperrt*** und für mehr als drei Millionen Besucher freigegeben.

385 // In Essen gibt es seit 1972 die einzige ***Taubenklinik*** der Welt.

386 // Moritz Eggert, der die Musik zur Eröffnungszeremonie der Fußball WM 2006 in Deutschland komponiert hat, schrieb 2005 das ***erste Fußball-Oratorium*** der Welt. Die Uraufführung fand in der Bochumer Jahrhunderthalle statt.

387 // Im ersten Halbjahr 2016 wurden im Kreis Recklinghausen 25 Autos in Brand gesteckt.

388 // DAS HOTEL HANDELSHOF ESSEN WURDE ZU BEGINN VON DEN ELTERN VON HEINZ RÜHMANN GEFÜHRT.

389 // Als das Hotel Handelshof und die integrierte »Jimmy's Bar« 2015 verkauft wurden, schenkte der Barkeeper als ***letzten Cocktail eine Feurzangenbowle*** aus – eine Reminiszenz an die Eltern Heinz Rühmanns.

390 // 14 Prozent aller Duisburger sind ***unter 14 Jahre*** alt.

391 // Die ***Zwiebackfabrik »Brand«*** wurde 1912 in ***Haspe***, heute Stadtteil von Hagen, gegründet. 1929 nahm man hier die erste Zwieback-Schneidemaschine der Welt in Betrieb.

392 // In Hagen-Haspe gibt es eine Straße, die ***Am Baukloh*** heißt.

393 // Die ***Fußball-Bundesliga*** wurde am 28. Juli 1962 in Dortmund zur Saison 1963/64 eingeführt.

394 // Die Brücke über die Gahlensche Straße in Bochum erhielt nach einem Namenswettbewerb 2004 ihren Namen ***»Erzbahnschwinge«***.

395 // Der ***Ideengeber*** für den Namen »Erzbahnschwinge«, der Bochumer Michael Bongartz, erhielt für seinen Vorschlag vom Kommunalverband Ruhrgebiet und der Stadt Bochum eine Radtour mit elf Bekannten inklusive Mittagessen.

396 // BEREITS 1988 WOLLTE EINE KANADISCHE FIRMA AUF DEM GELÄNDE DES CENTRO OBERHAUSEN DAS GRÖSSTE EINKAUFSZENTRUM DER WELT ERÖFFNEN, VON DER PRESSE »SUPERHAUSEN« GENANNT.

397 // Die Bauzeit des Xantener Doms betrug ***281 Jahre***.

398 // Die »Boogaloos« des Baukauer Turnclubs Herne waren 2014 ***Weltmeister im Einradhockey***.

399 // Eltern mit einem ***Jahreseinkommen über 75.000 Euro*** zahlen in Duisburg den Höchstsatz von 630 Euro pro ***Kita-Platz*** im Monat, in Mülheim sind es nur 475 Euro.

400 // Das ***Kanalkreuz Datteln*** ist der weltweit größte Knotenpunkt künstlicher Wasserstraßen.

401 // Der Song »Hurra, hurra, die Schule brennt« der Hagener Band Extrabreit wurde 1980 wegen angeblichem ***Aufruf zur Brandstiftung*** von den Radiostationen quasi zensiert und äußerst selten ausgestrahlt.

8
21
soccer world
bäcker beckmann
BLOEDORN Container
14
6
18
9
Anni Timm
19
Smart gets real

402 // AUF DEM DORTMUNDER WEIHNACHTSMARKT STAND 2016 DER GRÖSSTE UND SCHWERSTE ADVENTSKALENDER DER WELT AUS 30 SCHIFFSCONTAINERN.

403 // In Essen lebten 2015 mit 539 Menschen ***die meisten Staatenlosen*** im Ruhrgebiet.

404 // Das erste Tor der Bundesligageschichte schoss ***Timo Konietzka vom BVB*** am 24. August 1963 gegen Werder Bremen noch vor Ablauf der ersten Minute.

405 // ***Das erste Tor der Bundesligageschichte*** hätte nicht gezählt werden dürfen, da das Match durch Schiedsrichter Alfred Ott eine Minute zu früh angepfiffen wurde.

406 // Der Vorläufer des SC 09 Dortmund, der ***SC Aplerbeck 09***, wurde 1910 in den Westdeutschen Spielerverband aufgenommen, obwohl ***kein einziger der Spieler volljährig*** war.

407 // Während der ***Weltmesse des Pferdesports*** 2015 in Essen wurden die ***Ampelmännchen*** an den Fußgängerampeln rund um das Messegelände gegen Pferde mit Reitern ausgetauscht.

408 // DIE LICHTBURG IN DER ESSENER INNENSTADT BESITZT MIT 1.250 SITZEN DEN GRÖSSTEN KINOSAAL DEUTSCHLANDS.

LICHTBURG

409 // Die Häuser am Kirchplatz in Hattingen heißen »Wachszinshäuser«, weil die Bewohner ihre ***Grundsteuer in Form von Bienenwachs*** zur Herstellung von Kirchenkerzen bezahlten.

410 // Auf den Wappen von Gladbeck und Bottrop sind ***drei Wolfsangeln*** abgebildet, mit denen man früher Wölfe geködert hat.

411 // Eine ***Umfrage unter Führungskräften*** im Ruhrgebiet hat 2016 ergeben, dass 75 Prozent mit der Verkehrsinfrastruktur zufrieden sind, aber nur 36,7 Prozent mit der Qualität des Wohnraums in der Region.

412 // 1904 erhielt Otto Heinrich Flottmann, Betreiber der Firma Flottmann in Herne, das ***Patent für einen »Druckluft-Bohrhammer mit Kugelsteuerung«***, der Hammer und Meißel ersetzte und so den Bergbau revolutionierte.

413 // Der Drittligist MSV Duisburg verkaufte vor einer Umstellung des Trainingsplatzes auf Kunstrasen die ***Asche seines Ascheplatzes in Einmachgläsern***.

414 // Die älteste namentlich belegte germanische Gottheit ist die ***Göttin Tamfana***. Sie wurde vom Volk der Marser am Stoppenberg bei Essen in einem ***primitiven Tempel*** verehrt.

415 // Die Raststätte Beverbach zwischen Dortmund und Bochum hat einen Förderturm als »Wahrzeichen« und einen ***Currywurstbrunnen***.

416 // IN BOCHUM GIBT ES EIN BEKANNTES MERCEDESCENTER NAMENS LUEG IN DER UNIVERSITÄTSSTRASSE. DAS LUEG-HAUS IN DER KORTUM-STRASSE, BEKANNT ALS UNION-KINO, WURDE URSPRÜNGLICH ALS AUTOSALON GEBAUT. ES WAR DAMALS DEUTSCHLANDS GRÖSSTES AUSSTELLUNGSHAUS.

417 // Der ***erste Metro-Markt*** eröffnete im November 1963 in Essen-Vogelheim.

418 // Bei den Bahnen der Duisburger Verkehrsgesellschaft werden ***alle fünf Jahre*** die Räder gewechselt.

419 // In Gelsenkirchen lassen sich Patienten bei ***Rückenschmerzen*** am vierthäufigsten in Deutschland röntgen, nämlich 611-mal auf 1.000 Fälle.

420 // 1867 wurde in Mülheim an der Ruhr der ***Kolonialwarenladen Wilhelm Schmitz-Scholl*** gegründet, aus dem der Kaiser's-Tengelmann-Konzern hervorging.

421 // Seit 31. Dezember 2016 existiert die Supermarktkette ***Kaiser's Tengelmann*** nicht mehr. Im Jahr 2017 wären seit der Gründung der Firma Wilhelm Schmitz-Scholl 250 Jahre vergangen.

422 // ***TV-Comedian Atze Schröder*** wurde laut fiktiver Biografie als Thomas Schröder im Ruhrgebiet in Essen-Kray geboren. Tatsächlich kam er im westfälischen Emsdetten zur Welt, das ungefähr 50 Kilometer vom Ruhrgebiet entfernt ist.

423 // Am 1. Mai 1959 trat im Ruhrbergbau die ***Fünftagewoche bei vollem Lohnausgleich*** in Kraft.

424 // In Herne heißt eine Straße Spinnbahn. Sie ist nach den Seilern benannt, die hier ***Lassos aus Flachs*** gesponnen haben, mit denen die ***Wildpferde im Emscherbruch*** eingefangen wurden.

425 // SEIT DAS ALTE TAUBENHAUS IM DORTMUNDER STADTGARTEN 2011 IN DEN BVB-FARBEN SCHWARZ GELB ANGESTRICHEN WURDE, BLIEB ES VON VANDALISMUSANGRIFFEN VERSCHONT.

426 // Die ***Vestische Straßenbahnen*** waren 1988 der erste Nahverkehrsbetrieb Deutschlands, der eine Linie komplett mit den heute überall üblichen stufenlosen Niederflurbussen ausstattete.

427 // Der am ***längsten regelmäßig laufende Kinofilm*** Deutschlands ist »Harold and Maude«, den die »Galerie Cinema« in Essen-Rüttenscheid seit dem 6. Juni 1975 jeden Sonntag um 16.30 Uhr zeigt.

428 // Gershon Kingsley, der Komponist der ***weltberühmten Synthesizer-Nummer »Popcorn«*** von Hot Butter aus den Anfängen der elektronischen Popmusik, heißt eigentlich Götz Gustav Ksinski und wurde in Bochum geboren.

429 // In der Saison 2015/16 hatte Borussia Dortmund 20,5 Millionen ***Fans bei sozialen Netzen*** wie Facebook, Instagram oder Twitter. FC Schalke 04 kam auf 4,1 Millionen Fans.

430 // Direkt neben der Autobahnbrücke der Bundesautobahn 42 über den Rhein in Duisburg-Baerl befindet sich ***unter den Fluten des Rheins*** das ehemalige Dorf Halen, das 1559 vom Rhein überspült wurde.

431 // In Gelsenkirchen und Duisburg hat fast ***jeder zweite Schüler*** einer allgemeinbildenden oder Berufsschule eine ***Zuwanderungsgeschichte***.

432 // Beim Umbau des Marktplatzes in Castrop-Rauxel wurden unter der Erde ***Reste von Häusern aus dem 16. Jahrhundert gefunden***, einer Zeit, in der es die Stadt Castrop-Rauxel in ihrer jetzigen Form noch gar nicht gab.

433 // Im »einzigen unterirdischen Flughafen« der Welt, dem »Subport Bergkamen«, kann man ***durch 14 Gullydeckel hindurch*** Airport-Lautsprecherdurchsagen hören und Abflug-Anzeigetafeln sehen.

434 // Die Installation »Big Air Package – Project for Gasometer Oberhausen, Germany« des Verpackungskünstlers Christo war die ***größte freitragende Installation der Welt***.

435 // Jede Saison kaufen Fans des BVB ***eine halbe Million BVB-Trikots*** zu je 80 Euro.

436 // Der einzige Laden in der Duisburger ***Höschenstraße*** ist Edeka Köther & Motzki mit der Hausnummer 69.

437 // AM ESSENER HAUPTBAHNHOF STEIGEN TÄGLICH ETWA 170.000 REISENDE EIN ODER UM.

438 // Obwohl die Schwebebahngondel über die Wupper am 21. Juli 1951 voll mit Pressefotografen war, gibt es von dem legendären ***Sprung der Elefantenkuh Tuffi in die Wupper*** außer schlechten Fotomontagen kein einziges Foto.

439 // ***Zirkusdirektor Althoff*** kaufte für die Fahrt mit der Schwebebahn über die Wupper vorschriftsgemäß eine Karte für sich und vier für die Elefantendame Tuffi.

440 // Der amerikanische Bluessänger Cory P. McDaniel schrieb 2009 den ***Song »Elephant Fall in Wuppertal«***.

441 // Die ehemaligen ***Milchwerke Köln-Wuppertal*** (heute »Campina«) nannten ihre Milchprodukte »Tuffi« nach dem berühmten Elefanten.

442 // Im März 2016 wurde im ***Wuppertaler Zoo ein Elefantenmädchen*** auf den Namen Tuffi getauft.

443 // Die Zentrale Informationsstelle Sporteinsätze, die bundesweit Fußball-Gewalttäter registriert, um international den ***Einlass von Hooligans in Stadien zu verhindern***, hat ihren Sitz in Duisburg.

444 // Im UCI in Bochum wird seit dem 26. August 1999 regelmäßig der ***Ruhrgebietsfilm »Bang Boom Bang«*** gezeigt.

445 // DAS »ALTE BRAUHAUS RIETKÖTTER« IN DER GROSSE BECKSTRASSE 7 IST DAS ÄLTESTE ERHALTENE WOHNGEBÄUDE BOCHUMS.

446 // Von 1865 bis 1869 führte der Braumeister Moritz Fiege das ***Brauhaus Rietkötter***. Er hat nur zufällig denselben Namen wie der Gründer der Bochumer ***Privatbrauerei Moritz Fiege***. Dennoch verwaltet heute der Besitzer der Brauerei Fiege, Hugo Fiege, das Brauhaus.

447 // Im 11. und 12. Jahrhundert war der ***Duisburger Silberpfennig*** europaweit verbreitet.

448 // In der ***ehemaligen Villa Vogelsang*** auf den Ruhrhöhen in Essen-Horst ist heute ein ***Linuxhotel*** untergebracht. Licht, Heizung, Videoüberwachungskameras, Fernseher, Musikanlage und der Weinklimaschrank werden über das Betriebssystem Linux gesteuert.

449 // Im Garten des Linuxhotels ist ***Lummerland*** mit einer Modelleisenbahn in Miniatur nachgebildet.

450 // Die Ruhrorter wurden früher von ihren Lieblingsfeinden, den Meiderichern, ***»Tönnekesdrieter« (Tonnenscheißer)*** genannt, weil es damals noch keine Kanalisation gab und sie statt eines Klos ein Fass (Tönneken) verwendeten.

451 // Jeder fünfte Duisburger ist in einem ***Sportverein*** aktiv.

452 // Im ***Currywurst-Drive-In*** »Curry Station 52« in einem denkmalgeschützten 10,68 Quadratmeter großen Tankstellenhäuschen in Dorsten wird Currywurst mit einer Soße von ***TV-Sternekoch Björn Freitag*** verkauft.

453 // DAS FILMFORUM IN DUISBURG IST DAS ÄLTESTE NOCH EXISTIERENDE KOMMUNALE KINO IN DEUTSCHLAND.

454 // Von den ***62 Nachkriegskinos*** in Duisburg überlebte nur das filmforum.

455 // Auf dem ***Blücherturm*** in Essen ist auf Lateinisch der Satz »Die Gemeinde ließ mich zum Wohle der Gemeinschaft erstehen« eingemeißelt. Im 16. Jahrhundert wurden in dem Turm 39 Frauen und Männer ***zu Hexen und Hexern erklärt und hingerichtet***.

456 // Der ***Efeustamm***, der den Blücherturm umrankt, ist in der Liste der ***Naturdenkmale*** Essens eingetragen.

457 // Die Villa »Haus Ende« in Herdecke-Ostende, in der heute eine ***Bildungszentrum für Bundesfreiwillige*** untergebracht ist, wird auch »Vögler Villa« genannt.

458 // Von den 1950ern bis in die 1970er galt Duisburg als ***Seifenkistenrennen-Hochburg***.

459 // DIE HERKULESSTATUE IN GELSENKIRCHEN HÄTTE LAUT DEN ENTWÜRFEN DES KÜNSTLERS MARKUS LÜPERTZ EINEN APFEL IN DER HAND HALTEN SOLLEN, ER VERZICHTETE ABER DARAUF.

---

460 // Der Kopf des Herkules von Gelsenkirchen ist ***sechs Meter hoch***, exakt so hoch wie das Berliner Atelier seines Schöpfers Markus Lüpertz.

461 // Modell für den Herkules von Gelsenkirchen war der ***Künstler Markus Lüpertz selbst***.

462 // Die Menschen im Ruhrgebiet gehören ***über 100 verschiedenen Glaubensrichtungen*** an.

463 // Das ***Tauchrevier*** Gasometer im Duisburger Landschaftspark ist mit ***21 Millionen Litern Wasser*** das größte Indoor-Tauchbecken Europas.

464 // In Duisburg wird 240-mal am Tag ein ***Ladendiebstahl*** begangen.

465 // Im Ruhrgebiet ist der ***Anteil ausländischer Unternehmen*** seit 2008 um rund 50 Prozent auf fast 26.000 gestiegen.

466 // Das ***Stadionmagazin*** des Fußballvereins Rot-Weiss-Essen heißt ***»kurze fuffzehn«***, was aus der Bergmannsprache entlehnt ist und für eine kleine Pause (15 Minuten) steht.

467 // 16 Prozent der Besucher des ***CentrO Oberhausen*** kommen aus Oberhausen.

468 // Die ***Coca-Cola-Oase*** im CentrO Oberhausen ist mit 1.100 Plätzen nach Manchester der zweitgrößte Food-Court Europas.

469 // Im Bochumer Stadtteil Wattenscheid-Höntrop wird ***zum Karneval ein »Gänsereiten«*** veranstaltet, bei dem Reiter einer toten aufgehängten Gans den Kopf abreißen.

470 // Der erste weibliche Filmstar, Asta Nielsen, spielte die Hauptrolle in dem ***ersten im Ruhrgebiet gedrehten Stummfilm***. Er trägt den Titel »S1« und wurde 1913 am Flugplatz Wanne in Szene gesetzt.

471 // DIE TECHNISCHEN FACHHOCHSCHULE GEORG AGRICOLA IN BOCHUM IST DIE ÄLTESTE NOCH BESTEHENDE HOCHSCHULE DES RUHRGEBIETS.

472 // Das erfolgreiche in Dinslaken uraufgeführte ***Jugendtheaterstück »Steht auf, wenn ihr Schalker seid«*** von Jörg Menke-Peitzmeyer wurde inzwischen in verschiedenen Städten und Ländern mit abgeändertem Titel aufgeführt (u.a. »Steht auf, wenn ihr Borussen seid«, »…wenn ihr Schwaben seid«, »…wenn ihr für Salzburg seid«).

473 // In der Prachtvilla Haus Urge in Mülheim an der Ruhr wohnte einige Jahrzehnte der Unternehmersohn Hugo Stinnes jr., weshalb »Urge« im Volksmund als ***»Unser Reichtum gestattet es«*** umgedeutet wurde. Von 1973 bis 2014 gehörte das Haus dem Max-Planck-Institut für ***Kohlenforschung***.

474 // Im ***U-Bahnhof*** des Duisburger König-Heinrich-Platzes befindet sich ein ***Schutzraum*** aus dem Kalten Krieg für 4.500 Menschen.

475 // Noch heute sind in dem Schutzraum ***unter dem Niki-de-Saint-Phalle-Brunnen alte ABC-Schutzausrüstungen***, 450 Kinderkleider, Windeln, Wolldecken und Roggenbrot in Dosen gelagert.

476 // Die ***Bochumer Jahrhunderthalle*** war eines der ersten zweckbestimmten Bauwerke. Ursprünglich war sie für die Düsseldorfer Industrie- und Gewerbeausstellung 1902 gebaut, man konnte sie danach aber in Einzelteile zerlegen und in Bochum als ***Gebläsemaschinenhalle für die Hochöfen*** des Bochumer Vereins wieder aufbauen.

477 // Die Nationalsozialisten datierten ***die erste Cranger Kirmes*** (1441) fünf Jahre zurück, damit sie bereits 1935 und nicht erst 1940 eine propagandistisch großangelegte 500-Jahr-Feier abhalten konnten.

478 // DIE ESSENER NENNEN DIE VON SERGE SPITZER ERRICHTETE SKULPTUR AM KENNEDYPLATZ »SPITZER-SPIRALE«, »MÜLLTONNE« ODER »ELEFANTENKLO«. IHR TATSÄCHLICHER NAME LAUTET »UNTITLED (ESSEN)«, ER SPIEGELT LAUT DEM KÜNSTLER »EXAKT DIE SITUATION AM RANDE DES KENNEDYPLATZES WIDER«.

479 // In den 1910er-Jahren kamen im Ruhrgebietsbergbau an die ***10.000 Grubenpferde*** zum Einsatz. In den 1960er-Jahren waren es ***20***.

480 // Das ***letzte Grubenpferd*** in Deutschland war der Schimmel-Wallach Seppel, der im August 1966 die Bochumer Zeche Lothringen verließ.

481 // ***Jedes Jahr nach den Eisheiligen*** werden in Duisburg von den Wirtschaftsbetrieben 37.000 Pflanzen in die Parkanlagen und Beete der Einkaufsstraßen eingepflanzt.

482 // In der Zeche Hannover in Bochum kam erstmals die ***revolutionäre Schachtfördertechnik*** mit Treibscheiben von Carl Friedrich Koepe zum Einsatz. Die Konzernleitung erkannte den Wert der Erfindung nicht und ließ das an sie abgetretene ***Patent verfallen***.

483 // Die ***Zeche Schleifmühle im Bergwerk Graf Wittekind*** in Dortmund-Syburg ist Deutschlands älteste noch zugängliche Steinkohlenzeche.

484 // Seit 1986 machten die Helfer des Fördervereins Graf Wittekind in ***50.000 unbezahlten Arbeitsstunden*** über 450 Meter Stollen und Abbaue wieder zugänglich.

485 // Das Bergwerk Graf Wittekind ist ***nur gebückt und auf allen vieren*** zu besichtigen und stellenweise lediglich 40 Zentimeter hoch.

486 // DIE STADT OBERHAUSEN WURDE NACH IHREM BAHNHOF BENANNT, DER WIEDERUM SEINEN NAMEN VOM NAHEGELEGENEN SCHLOSS OBERHAUSEN HATTE.

RAD-
STATION
DB

487 // Die Royal Air Force flog allein zwischen Mai 1943 und März 1945 insgesamt ***105 Angriffe auf Dortmund***.

488 // 1962 starben im Ruhrgebiet 156 Menschen durch ***zu viele Schadstoffe in der Luft***.

489 // Wegen ihrer ungünstigen Lage wurde die Anthrazitkohlenzeche Gottfried Wilhelm in Essen-Heisingen ***»Elend im Walde«*** genannt.

490 // In Duisburg und Essen gibt es je eine Straße, die ***»Im stillen Winkel«*** heißt. In Marl gibt es die Straße »Im stillen Eck«.

491 // In Oer-Erkenschwick wird in der Haard ein ***Klimawald*** mit Bäumen gepflanzt, die sonst nur in Südeuropa und den USA wachsen. Man will so herausfinden, ob diese Bäume durch den Klimawandel auch ***hier überleben*** können.

492 // Im Gelsenkirchener ***Hans-Sachs-Haus*** befand sich früher ein Konzertsaal, in der die ***größte weltliche Konzertsaal-Orgel*** Europas stand. Sie ist heute eingelagert.

493 // Die 1920 eingeführten verschiedenen Farben für verschiedene Stockwerke im Hans-Sachs-Haus in Gelsenkirchen waren das erste bekannte Beispiel für ein ***Farbleitsystem im öffentlichen Raum*** weltweit.

494 // DAS ZEISS PLANETARIUM BOCHUM IST DAS MEISTBESUCHTE PLANETARIUM DEUTSCHLANDS UND BESITZT SEIT 1999 DEN IMMER NOCH MODERNSTEN STERNEN-PROJEKTOR DER WELT.

495 // Auf der ***Glashülle der Folkwangmusikschule*** in Essen befindet sich eine Vergrößerung der Originalpartitur einer Klaviersonate von ***Ludwig van Beethoven***.

496 // Da der korrekte Satz »Aus dem Hintergrund müsste Rahn schießen« aus der berühmten Radioreportage von Herbert Zimmermann beim ***WM-Endspiel 1954*** nicht ganz auf die Brücke Wickenburgstraße in Essen-Frohnhausen passte, wurde daraus ***»Rahn müsste schießen«*** gemacht.

497 // Herne und Gelsenkirchen sind unter den ***zehn am höchsten verschuldeten Städten*** 2015.

498 // Die Baumart »Wollemia nobilis« galt ***seit 65 Millionen Jahren als ausgestorben***, als 1994 zufällig in Australien einige Exemplare entdeckt wurden. Zum 50-Jahr-Jubiläum der Pflanzenschauhäuser im ***Rombergpark Bochum*** wurde dort ein Wald aus 35 Exemplaren des seltenen Baums gepflanzt.

499 // Duisburg leistet pro Jahr ***6,76 Millionen Euro Unterhaltsvorschuss*** an alleinerziehende Elternteile, deren Partner den Unterhalt nicht zahlen können oder wollen.

500 // Am 20. Januar 1988 marschierten aus ***Protest gegen die Schließung eines Stahlwerks*** 50.000 Stahlkocher zur Rheinbrücke zwischen Rheinhausen und Hochfeld und nannten sie mit einem selbstgefertigten Schild ***»Brücke der Solidarität«***. Die Stadt Duisburg übernahm den Namen offiziell.

501 // In Hamm können über die ***Alarmsirenen*** auch Sprachnachrichten durchgegeben werden.

502 // DIE 1322 ERSTMALS URKUNDLICH ERWÄHNTE ADLER APOTHEKE AM ALTEN MARKT IN DORTMUND IST DIE ÄLTESTE AN IHREM STANDORT ERHALTENE APOTHEKE NORDRHEIN-WESTFALENS.

RHEINISCH

503 // AUF GLEIS 4 UND 5 IN OBERHAUSEN KANN MAN NICHT EINSTEIGEN – ES SIND GESCHLOSSENE MUSEUMSBAHNSTEIGE MIT ALTEN AUSSTELLUNGSSTÜCKEN.

504 // Im Sommertrainingslager von Schalke 04, der Region Naturpark Hohe Tauern in Österreich, wurde 2016 eine in den Clubfarben gestaltete ***»Schalke 04«-Gondel am Berg Wildkogel*** eingeweiht.

505 // Am 17. Januar 1979 wurde im Ruhrgebiet zum ersten Mal ***Smogalarm*** ausgelöst.

506 // Der ***schnellste Rettungsdienst des Ruhrgebiets*** ist der aus Bottrop. Er erreicht in über 90 Prozent der Fälle in acht Minuten den Einsatzort.

507 // Unter geografischen Gesichtspunkten müsste die Kernregion des Ballungszentrums Ruhrgebiet eigentlich ***»Emschergebiet«*** heißen.

508 // An der westlichen Seite der ehemaligen Schwarzkaue der 1987 stillgelegten Zeche Minister Stein in Dortmund-Eving erklingt täglich um 8, 12, 18 und 21 Uhr ***als akustisches Denkmal eine alte Schachtglocke.***

509 // Die Schachtglocke ist eine ***Originalglocke von Siemens und Halske***.

510 // 3,1 Prozent des Ruhrgebiets sind ***Wasserflächen***.

511 // Der Schauspieler ***Manfred Krug*** (»Liebling Kreuzberg«), der seine Karriere in der DDR startete, wurde an einem Rosenmontag in Duisburg als ***Sohn eines Eisenhütten-Ingenieurs*** geboren, der bei Thyssen als Schmelzer im Stahlwerk arbeitete.

512 // Die ***Sommerrodelbahn*** im Alpincenter Bottrop ist die erste und einzige Sommerrodelbahn im Ruhrgebiet.

513 // Knapp 70 Prozent der Menschen im Ruhrgebiet gehören der ***katholischen oder evangelischen Kirche*** an.

514 // Der ehemalige Essener Pfarrer Walter Henßen übertrug die ***Zehn Gebote*** unter dem Titel ***»Wat Sache is«*** ins Ruhrdeutsche.

515 // Von Duisburgs Bäumen fallen pro Jahr etwa ***11.000 Tonnen Laub***.

516 // Der Flugplatz Essen-Gelsenkirchen-Rotthausen war der ***erste kommunale Flughafen*** im Deutschen Reich.

517 // Statt kostspieliger genoppter Pflastersteine als ***Orientierungshilfe für sehbehinderte Menschen*** testete Marl als erste Stadt in NRW eine ***strukturierte Folie zum Aufkleben*** als Alternative.

518 // DIE KUGEL-SKULPTUR »THE SPHERE«, DIE ZWISCHEN DEN WORLD-TRADE-CENTER-TÜRMEN STAND UND HEUTE BESCHÄDIGT IM BATTERY PARK ALS MAHNMAL »9/11« ZU BESICHTIGEN IST, WURDE VON FRITZ KOENIG ERSCHAFFEN. IN DER DORTMUNDER KATHARINENSTRASSE STEHT SEIT 1980 SEINE SKULPTUR »GROSSE FLORA D«.

---

519 // Der ***Koch der deutschen Fußball-Nationalmannschaft***, Holger Stromberg, wuchs in ***Waltrop*** auf, wo er auch die Gaststätte »Stromberg« betreibt.

520 // ***Holger Stromberg*** war 1994 mit 23 Jahren der jüngste deutsche Koch, der mit einem ***Michelin-Stern*** ausgezeichnet wurde.

521 // Das ***Mini-Hotel*** in einem Fachwerkshaus in Herdecke besteht aus drei Hotelzimmern und hat insgesamt 88 Quadratmeter.

522 // Das ***Bürohaus West*** in Essen-Frohnhausen, auch »Weißes Haus« genannt, war ursprünglich ein Schlafhaus für unverheiratete Krupp-Arbeiter und hieß deshalb auch ***Ledigenheim***.

KundenCenter

523 // In Duisburg gibt es fünf ***Schillerstraßen***, aber nur drei ***Goethestraßen***.

524 // Die herkömmlichen Mülleimer in der Hagener Innenstadt mussten täglich von zwei Mitarbeitern der Entsorgungsbetriebe bis zu fünfmal täglich geleert werden. Die ***170 neuen unterirdischen Papierkörbe*** werden einmal in der Woche mit einem ***Spezialfahrzeug*** ausgesaugt.

525 // Die 170 neuen Mülleimer in Hagens Innenstadt haben ein ***unterirdisches Fassungsvermögen*** von 1.300 Litern Müll.

526 // DIE GLOCKEN DES GLOCKENSPIELS DER FIRMA DEITER AUF DER ESSENER KETTWIGER STRASSE WURDEN 1940 AUF VERSCHIEDENEN BAUERNHÖFEN IM SAUERLAND VERSTECKT UND SO VOR DER EINSCHMELZUNG DURCH DIE NAZI-KRIEGSWIRTSCHAFT BEWAHRT.

527 // Das Museum Folkwang in Hagen war das weltweit ***erste Museum für zeitgenössische Kunst***.

528 // ***Folkwang*** ist in der altnordischen Sage der ***Palast der Göttin Freya***, Schutzgöttin der Künste. Der Name soll die Einheit von Kunst und Leben symbolisieren.

böhmer

529 // Bundesweit kommen etwa 107 Lehrstellen auf 100 Bewerber. Im Ruhrgebiet sind es ***70 Lehrstellen auf 100 Bewerber***.

530 // Da 60 der 500 Euro teuren Edelstahl-Mülleimer in Essener U-Bahnstationen ***von Metalldieben gestohlen*** wurden, hat man sie durch 100 Euro teure pulverbeschichtete Blech-Mülleimer ersetzt.

531 // In Essen gibt es 43 ***Ladestationen*** für 206 gemeldete batteriebetriebene Autos und 777 Hybridfahrzeuge.

532 // Die Bordellstraße Stahlstraße in Essen ist die ***älteste Laufstraße*** Deutschlands.

533 // Die Essener ***Bordellstraße*** Stahlstraße hieß anfangs ***Heilig-Geist-Straße***.

534 // DER GROSS-ENERGIEVERSORGUNGSKONZERN RWE WURDE 1898 IN ESSEN ALS STADTWERK GEGRÜNDET.

535 // Damit er von seinem Haus in Herdecke schneller zu seiner Fabrik in Hagen gelangte, baute sich der ***Schraubenfabrikant*** Bernhard Wilhelm Funcke III., bekannt als »Schruwen Wilm«, eine ***eigene Brücke über die Ruhr***.

536 // Das ***Kabarettduo »Die Missfits«*** hatte in seinem Programm ein Lied mit dem Titel »Oberhausen«.

537 // Im Duisburger Zoo wurde 1965 mit vier Tümmlern das ***erste Delfinarium*** in Deutschland und auf dem europäischen Festland eröffnet.

538 // In der Stadt ***Bad Lippspringe*** entspringt die ***Lippe***.

539 // Die ***Ursprungsquelle der Lippe*** wird ***Odins Auge*** genannt. Eine Fähre über die Lippe heißt Baldur. In der nordischen Mythologie ist Baldur der Sohn Odins.

540 // Der Sage nach riss Göttervater Odin sein Auge heraus und ***warf es in die trockene Landschaft***, um ihr Feuchtigkeit zu geben. Deshalb heißt der tiefblaue Quellteich im Volksmund Odins Auge.

541 // Der ***jüngste Sternekoch NRWs***, Sven Nöthel, ist Küchenchef des Mülheimer Restaurants »Am Kamin«.

542 // Der PSV Oberhausen besiegte im September 2016 in der Kreisliga den SV Vonderort mit ***43:0***.

543 // Der ***Stromverbrauch pro Spiel*** im Signal Iduna Park in Dortmund beträgt etwa 10.000 Kilowattstunden.

544 // DER FENSTERLOSE ROTE ÜBERGANG, DER DAS ESSENER GRILLO-THEATER MIT SEINEM KULISSENHAUS VERBINDET, WIRD VON DEN SCHAUSPIELERN SEUFZERBRÜCKE GENANNT.

545 // Im ***Römerlager Haltern*** waren zu Beginn unserer Zeitrechnung ***mehr Legionäre stationiert***, als irgendwo sonst im Römischen Reich.

546 // Das ***Maskottchen*** des BVB, die ***Biene Emma***, wurde nach dem ehemaligen BVB-Spieler Lothar »Emma« Emmerich benannt, der in der Fußball-Bundesliga mit 115 Toren die drittbeste Quote aller Top-50-Torjäger innehält.

547 // Der Duisburger Hafen duisport ist unter den Top 100 Containerhafen der Welt der ***einzige Binnenhafen*** und damit der ***weltgrößte Containerumschlagplatz*** im Binnenland.

548 // Der ***Duisburger Hafen*** schlug im Jahr 2015 insgesamt 3,6 Millionen Container um.

549 // Der Flügelaltar der Dortmunder St.-Petri-Kirche, genannt ***»Das Goldene Wunder«***, ist mit seinen 633 Abbildungen das bildreichste plastische Kunstwerk Europas.

550 // Das ***Wahrzeichen der Stadt Hamm***, der Glaselefant aus der ehemaligen Kohlenwäsche, hat eine Oberfläche von insgesamt ***3.450 Quadratkilometern***.

551 // Den ***Glaselefanten*** im Maximilianpark in Hamm besuchen jährlich 400.000 Menschen.

552 // AUF DEM ZENTRALEN PLATZ DER DUISBURGER CITY, DEM KÖNIG-HEINRICH-PLATZ, BEFAND SICH BIS 1908 EIN FRIEDHOF.

553 // Das Einkaufszentrum Marler Stern besitzt das ***größte Luftkissendach Europas*** und stand damit im Guinness-Buch der Rekorde.

554 // Die ***erste Tiertafel des Ruhrgebiets***, bei der Futter für Tiere bedürftiger Menschen ausgegeben wird, wurde 2012 in Herten gegründet.

555 // Duisburg und Dortmund führten 2015 die ***Liste der zehn höchstverschuldeten Städte*** über 400.000 Einwohner an.

556 // Das ***32-köpfige »Rock Orchester Ruhrgebeat«*** bezeichnet sich als größte Rockband der Welt.

557 // Die 1742 in Recklinghausen gegründete Suderwicher Kornbrennerei Schlüter ist das ***älteste noch aktive Unternehmen*** aus dem Ruhrgebiet.

558 // DER LINKE SCHUH, MIT DEM MARIO GÖTZE DEN 1:0-SIEGTREFFER IM WM-FINALE 2014 IN RIO DE JANEIRO GEGEN ARGENTINIEN ERZIELTE, IST NEBEN DEM »GLÜCKSPULLI«, DEN JOGI LÖW WÄHREND DER WELTMEISTERSCHAFT 2010 TRUG, DAS GLANZSTÜCK IM DEUTSCHEN FUSSBALLMUSEUM DORTMUND.

559 // Das 1924 eröffnete »Filmstudio Glückauf« in Essen ist das ***älteste noch bespielte Filmtheater*** des Ruhrgebiets.

560 // Die ***Linienstraße*** in Dortmund ist ein ***Strich***.

561 // Der irische Literaturnobelpreisträger ***Samuel Beckett*** (»Warten auf Godot«) war in jungen Jahren oft in Dortmund, weil er sich in seine dort lebende Cousine verliebt hatte. Aus dieser Zeit stammt auch sein ***Gedicht »Dortmunder«***, in dem er unter dem Einfluss Dortmunder Biers über die Puffs in der Linienstraße schrieb.

562 // Das bischöfliche Lateinamerika-Hilfswerk Adveniat in Essen eröffnete ***die erste Nikolaus-Schule*** in Deutschland.

563 // Mit 26,2 Prozent ist Bottrop die Ruhrgebietsstadt mit der ***höchsten polizeilichen Aufklärungsquote von Wohnungseinbruchsdiebstählen*** und steht bundesweit an zehnter Stelle.

564 // Im Dortmunder Fernsehturm Florian entstand 1959 das ***erste sich drehende Restaurant*** der Welt.

565 // Die ***Fünf-Bogen-Brücke genannte Sesekebrücke in Kamen*** ist eine der ältesten noch in Betrieb befindlichen und im Originalzustand erhaltenen Eisenbahnbrücken Deutschlands.

566 // 2016 WURDE DAS SCHAUSPIEL DORTMUND IN EINER KRITIKERUMFRAGE DER »WELT AM SONNTAG« ALS BESTES THEATER IN NRW UND IN EINER VON »THEATER HEUTE« ALS ZWEITBESTES DEUTSCHSPRACHIGES THEATER GENANNT.

567 // Der ***Sri-Kamadchi-Ampal-Tempel in Hamm*** ist der größte Dravida-Tempel Europas und nach dem Neasden-Tempel in London der zweitgrößte hinduistische Tempel Europas.

568 // Mit ***272 Kilometern Binnenschifffahrtswegen*** hat das Ruhrgebiet das dichteste Wasserwegenetz Europas.

569 // Im Ruhrgebiet gibt es ***80 Häfen***.

570 // 2015 führte die »TelefonSeelsorge Duisburg Mülheim Oberhausen« ***21.291 Seelsorgegespräche***, 2014 waren es noch 15.702.

571 // In Witten führt die Straße ***»Auf der Marta«*** über den ***Muttenbach***.

572 // ***Dortmund*** wurde in Spanien früher Tremonia und im Altfranzösischen Trémoigne genannt.

573 // Während der Nazizeit wurde ***Essen*** wegen der Krupp-Gussstahlfabrik »Waffenschmiede des Reiches« genannt. Schon im Ersten Weltkrieg war auch der Beiname ***»Kanonenstadt«*** geläufig.

574 // DAS IM JUGENDSTIL ERBAUTE HANSA-HAUS IN BOCHUM, EINES DER WENIGEN, DAS DEN KRIEG GUT ÜBERSTANDEN HATTE, WURDE 1981 ZUGUNSTEN DES EINKAUFSCENTERS DREHSCHEIBE ABGERISSEN.

DREHSCHEIBE
DEPOT
NORDSEE
kik
HIER WOHNT NICHT
DER WEIHNACHTSMANN
HIER GEHT ER EINKAUFEN
DREHSCHEIBE
STARBUCKS
COFFEE

575 // Am Duisburger Pollmann-Kreuz zwischen Weseler, Kaiser-Wilhelm- und Kaiser-Friedrich-Straße verkauft fast die ***Hälfte aller Läden Braut- und Abendmode für Damen***.

576 // In Marl sind alle Bäume, die näher als sechs Meter an bewohntem Raum stehen, ***fällgenehmigungsfrei***.

577 // Die ***Goldene Madonna des Essener Domschatzes*** von etwa 980 n. Chr. ist die älteste erhaltene vollplastische Marienfigur der Welt.

578 // Im ***Schatzverzeichnis*** des Essener Stifts wird die wertvolle Goldene Madonna als Nr. 32 aufgeführt.

579 // Im Bereich des Polizeipräsidiums Bochum, zu dem auch Herne und Witten zählen, fielen 2015 insgesamt ***271.000 Überstunden*** an.

580 // Die Zahl aller im Ruhrgebiet lebenden Griechen, Italiener, Jugoslawen, Niederländer, Polen, Portugiesen und Spanier ist zusammen etwa ***genauso hoch wie die der hier lebenden Türken***.

581 // Das 1972 gegründete Kommunikationscentrum Ruhr in Dortmund ist das ***älteste noch existierende Lesben- und Schwulenzentrum*** Deutschlands.

582 // STATISTISCH GESEHEN MUSSTE JEDE DER ETWA 150 »GEFLÜGELTES NASHORN«-SKULPTUREN, DIE SEIT 2006 ZU WAHRZEICHEN VON DORTMUND WURDEN UND IN DER GANZEN STADT VERTEILT STEHEN, SCHON EINMAL NACH EINER VANDALISMUSAKTION REPARIERT WERDEN.

583 // Die Nashörner waren ursprünglich das ***neue Logo des Dortmunder Konzerthauses***. Da Nashörner ihre Ohren in alle Richtungen drehen können, symbolisieren sie, dass man im Konzerthaus überall eine gute Akustik hat. Die Flügel stehen dafür, dass Musik beflügelt.

584 // Früher bedeutete das Wort ***»ruhrhart«*** so viel wie »dicht an«.

585 // Die Berliner Brücke in Duisburg und die Volmetalbrücke in Hagen stehen auf den Plätzen 7 und 9 der 10 ***längsten Straßenbrücken*** Deutschlands.

586 // In Waltrop hat sich in einer der wenigen Gemeinden der ***Brauch des »Räppelns«***, des Lärmens mit einer Ratsche am Karfreitag, erhalten.

587 // Das Ruhrgebiet hat 1,6 Millionen Einwohner ***mehr als Berlin***.

588 // Das Eisenbahnmuseum Bochum ist mit 46.000 Quadratmetern und über 120 Schienenfahrzeugen das ***größte private Eisenbahnmuseum*** Deutschlands.

589 // IN DUISBURG SIND FÜR INSGESAMT 50.000 STRASSENBÄUME NUR 20 PFLEGER DER WIRTSCHAFTSBETRIEBE EINGESETZT.

---

590 // Die Stadt Duisburg investiert mit zwei Millionen Euro für ***Erhalt und Pflege von 50.000 Straßenbäumen*** genauso viel wie die Stadt Krefeld für ihren halb so großen Baumbestand.

591 // Das Ruhrgebiet hat mit 12,9 Prozent einen ***sehr hohen Anteil an Bundesautobahnen*** bezogen auf das gesamte Straßennetz im Vergleich zu NRW (7,4 Prozent) und ganz Deutschland (5 Prozent).

592 // Zum ***Matjesfest*** in Duisburg stehen etwa 60 Prozent ausländische Fahrzeuge in den Parkhäusern.

593 // Bei einer Abstimmung auf dem Portal hotel.de wurde 2016 ***Dorsten als die drittschönste Stadt*** Deutschlands mit einem Schloss gewählt.

594 // Schalke 04 war der erste Bundesligist, der seine ***NS-Vergangenheit von einem Historikerteam untersuchen*** ließ.

595 // Zwischen Duisburg und Essen verläuft eine der ***meistbefahrenen Bahnstrecken*** der Welt.

596 // Pro Kopf gesehen gibt es mit 25 pro 1.000 Einwohner in Essen die ***meisten Musikschüler und Musikstudenten*** im Ruhrgebiet und die zweitmeisten in Deutschland.

597 // Im Jahr 2015 verzeichnete die Feuerwehr Dortmund ***2.236 Fehlalarme***, 88 davon mit böswilliger Absicht.

598 // FÜR DAS SCHMETTERLINGSFÖRMIG GESCHWUNGENE VORDACH DES HAUPTBAHNHOFS BOCHUM WAR DER RÖMISCHE BAHNHOF »ROMA TERMINI« DAS VORBILD.

599 // 2015 gab es in Dortmund 91.000 und in Essen 71.000 ***private Übernachtungen***. Das entspricht Platz 12 und 13 deutschlandweit.

600 // Die 1970 ***im Keller eines ehemaligen Zechenhauses*** in Bergkamen-Mitte eröffnete »sohle 1« war die erste kommunale Galerie Deutschlands.

601 // Seit November 1994 stehen 300 Meter inzwischen ***stark verwitterte Teile der Berliner Mauer*** auf einem Betriebsgelände am Rhein-Herne-Kanal, um Lagerplätze voneinander zu trennen.

602 // Die ***neue Drehleiter*** der Feuerwehr Recklinghausen hat 615.000 Euro gekostet.

603 // In Gelsenkirchen sieht man an einigen Stellen heute noch ***eines von 125 bemalten Pferden***, die im Jahr 2000 zur 125-Jahr-Feier Gelsenkirchens für die Kunstaktion »AufGEzäumt« gestaltet wurden.

604 // Die ***Aufklärungsquote*** der Duisburger Polizei lag 2015 bei 55 Prozent.

605 // Die Rosenbibliothek des Deutschen Rosariums im Westfalenpark Dortmund umfasst mit etwa 1.300 Büchern die ***größte Sammlung von Rosenliteratur*** der Welt.

606 // IN DEN 1970ER-JAHREN WAR DORTMUND MIT JÄHRLICH 7,5 MILLIONEN HEKTOLITERN AUSSTOSS EUROPAS BIERSTADT NR. 1 UND NACH MILWAUKEE IN DEN USA DIE ZWEITGRÖSSTE DER WELT.

DOGS
CREW
HÖVELS
SEIT 1893
ORIGINAL

607 // Im ganzen Ruhrgebiet leben rund ***665.000 Ausländer***.

608 // Die ***Große Ruhrländische Gartenbau-Ausstellung (GRUGA)*** 1929 in Essen war die erste Gartenausstellung Deutschlands.

609 // Das ***erste Mal seit 1993*** stiegen 2014 und 2015 die Einwohnerzahlen des Ruhrgebiets wieder an.

610 // Das Rhein-Ruhr Zentrum in Mülheim an der Ruhr war bei seiner Eröffnung 1973 ***eines der ersten überdachten und damals größten Einkaufszentren*** Deutschlands.

611 // In den 1960er-Jahren wurde ein aus Wellblech gebauter Schuppen in der Oberhausener Flaßhofstraße ***»Deutschlands schäbigstes Freudenhaus«*** genannt.

612 // Der ***Oberbürgermeister von Dortmund*** erhält für seine ***Nebentätigkeiten*** im Jahr etwa 230.000 Euro, die zu zwei Dritteln wieder in die Stadt zurückfließen, das letzte Drittel spendet er für kulturelle und soziale Projekte.

613 // Bereits ***um das Jahr 1.000 n. Chr.*** gruben Bauern und Kötter im Ruhrtal bei Witten nach ***Kohle.***

614 // DAS HAUS DER TECHNIK IN ESSEN IST DAS ÄLTESTE TECHNISCHE WEITERBILDUNGSINSTITUT DEUTSCHLANDS.

615 // Die neue schlichte mittelgraue Farbe des Pflasterbelags auf der Königsstraße in Duisburg nennt sich ***Palladiumsilber.***

616 // Dortmund liegt mit ***14.078 Taten je 100.000 Einwohnern*** im bundesweiten Kriminalitätsranking auf Platz 6 der am meisten von Kriminalität betroffenen Städte.

VELTINS

617 // DIE VELTINS-ARENA IST DAS ERSTE STADION IN DEUTSCHLAND MIT KOMPLETT PRIVATWIRTSCHAFTLICHER FINANZIERUNG.

618 // In ***Hagen*** gibt es über die Stadt verteilt ***maßstabsgetreue Modelle des Sonnensystems*** mit den Planeten im Maßstab 1:1 Milliarde.

619 // Das Hagener Modell war das ***erste begehbare Planetenmodell*** weltweit.

620 // In Essen mündet die Straße ***»Neue Liebe«*** in die ***Schönscheidtstraße***.

621 // In Oer-Erkenschwick sind ***vier Elektroautos*** angemeldet.

622 // 2015 ***starben in Duisburg*** mit 6.307 mehr Menschen als geboren wurden (4.494).

623 // Auf dem Tierfriedhof in Dortmund werden jährlich etwa ***100 Tiere begraben***.

624 // Das Cinemaxx Essen ist mit 5.067 Plätzen in 16 Sälen ***das größte Kino Deutschlands***.

625 // 2015 gab es am Flughafen Dortmund ***13 verspätete Nacht-Starts und Nacht-Landungen***

626 // Auf 1.000 Einwohner kommen im Ruhrgebiet ***2,3 Krankenhausärzte***.

627 // In Essen kann sich jeder zehnte Einwohner ***keinen Urlaub leisten***.

628 // Im ***Berliner Kult-Curry-Imbiss »Konnopke«*** kann man seit 2015 die ***Soße Ruhrfeuer*** der Schaschlikbrüder Dietmar Haubold und Timo Winter aus Essen zur Currywurst bestellen.

629 // An der Dionysus-Kirche in Essen-Borbeck hat ein Knappenverein 1911 ***die Marien-Grotte von Lourdes nachgebaut***, zu der heute einmal im Jahr Sinti und Roma aus dem ganzen Ruhrgebiet anreisen.

630 // ZUM ERHALT DES DORTMUNDER TRADITIONSBIERES »THIER«, DAS SEIT 2015 NUR NOCH IN FÄSSERN IN EINIGEN GASTSTÄTTEN VERKAUFT WIRD, HAT SICH DER CLUB »DORTMUNDER THIERFREUNDE« GEGRÜNDET.

631 // Der Essener Professor Harald Schlüter entwarf im Jahr 2001 ein ***Logo für die »Ruhrstadt«***, die Vision eines Zusammenschlusses aller Ruhrstädte.

632 // Ein ***Edelstahl-Mülleimer*** in den U-Bahnhöfen in Essen kostet 500 Euro.

633 // Im Kreis Wesel ***verdoppelte sich die Zahl der Touristen*** in den letzten zehn Jahren auf 400.000, die der Region 400 Millionen Euro pro Jahr einbringen.

634 // Am 14. November 2016 konnte man über Bochum die äußerst ***seltene Wolkenformation »Hole-Punch-Cloud«*** beobachten. In einer dichten Wolkendecke entsteht ein Loch, in dem sich eine einzelne nach unten hängende ausgefranste Wolke bildet.

635 // Die ***allererste Skulptur des Essener Grugapark***s von 1927, das Reh von Fritz Paul Zimmer, steht in einem identischen Abguss im Atlanta Botanical Garden.

636 // Das ***Essener Stadtwappen*** ist das einzige weltweit, das aus ***drei Elementen*** besteht. Normalerweise werden Wappen in einem Schild zusammengefasst, das Essener Wappen besteht aus zwei Schildern mit einer Krone.

637 // Auf dem Hotel Handelshof am Essener Hauptbahnhof ist das Stadtwappen heraldisch korrekt in einem ***zweigeteilten Schild und mit einer Mauerkrone*** dargestellt.

638 // DER DUISBURGER HAUPT-BAHNHOF WIRD TÄGLICH VON 700 NAH- UND FERNVERKEHRSZÜGEN ANGEFAHREN.

639 // Der mit 10.000 Euro dotierte ***Kunstpreis »junger westen«*** der Stadt Recklinghausen ist der älteste Kunstförderpreis des Ruhrgebiets. Er wird seit 1948 vergeben.

640 // Duisburg hat etwa ***300 Brücken mehr als Venedig***.

641 // Der geflügelte Spruch ***»Doof bleibt doof, da helfen keine Pillen«*** stammt aus einem Gedicht des 1942 verstorbenen Dichters ***Fred Endrikat***, der als Sohn eines Bergmanns seine Jugend in Wanne-Eickel verbrachte und dort selbst unter Tage arbeitete.

642 // Das Glockenspiel im Bochumer Rathaus war das erste ***aus Gussstahl hergestellte Glockenspiel*** der Welt.

643 // Der von der Dortmunder Karnevals-Persiflage-Veranstaltung »Geierabend« verliehene ***Anti-Orden »Pannekopp des Jahres«*** aus 28,5 Kilogramm rostigem Stahl wird traditionell von den Preisträgern ***nicht angenommen***. SPD-Landesvorstand Drabig, Pannekopp des Jahres 2009, hängte sich den Orden aber um den Hals, bevor er ihn nicht annahm.

644 // ***Christoph Daum*** begann seine aktive Fußballerkarriere beim Duisburger ***Verein Hamborn 07***.

645 // Die Spieler von Hamborn 07 werden »Löwen« genannt, ***obwohl ihr Vereinswappen ein Adler ziert***. Die Bezeichnung Löwe bezieht sich auf das Wappen des seit 1929 selbstständigen Hamborn.

646 // DIE HALTEVERBOTS-ZUSATZSCHILDER FÜR DEN ROSENMONTAGSZUG WERDEN AUF DER ESSENER HUYSSENALLEE NICHT ABMONTIERT, SONDERN SIND DAS GANZE JAHR ÜBER VERKEHRT HERUM AN DEN PARKVERBOTSSCHILDERN ANGESCHRAUBT.

---

647 // Der Chemiepark Marl ist der ***drittgrößte Chemie-Verbundstandort*** in Deutschland.

640 // Der Frachtbahnhof des Chemieparks Marl ist mit seinem elektrisch überwachten 120 Kilometer langen Schienensystem ***einer der größten elektrisch überwachten Privatbahnhöfe*** Europas.

649 // Die Werkzeugfabrik Krenzer Hammer ist die ***letzte von einst 48 Hammwerwerken*** im Enneptal.

650 // Die von Gerhard ***Mercator*** 1569 in Duisburg entwickelte Methode, die Erdkugel auf eine ebene Fläche zu übertragen (»Mercator-Projektion«), wird heute noch bei den ***zweidimensionalen Karten von Google*** und bei Satelliten-Navigeräten verwendet.

651 // Bewohner des Ruhrgebiets haben die ***geringste Lebenserwartung*** in Nordrhein-Westfalen.

652 // Die ***Doku »Göttliche Lage«***, die zeigt, wie aus einer Industriebrache in Dortmund das Vorzeigeprojekt Phoenix-See entstand, bekam 2016 den ***Grimme-Preis***.

653 // Hümmeken wird im Dortmunder Raum ein ***kleines Schälmesser*** genannt, während es im restlichen Ruhrgebiet vorwiegend Pittermesser heißt.

654 // ANFANG DER 1990ER-JAHRE SOLLTE ÜBER DEM DORTMUNDER HAUPTBAHNHOF EIN UFO-ARTIGES GEBÄUDE MIT HOTEL UND EINKAUFSZENTRUM ERRICHTET WERDEN.

655 // ***Leonardo DiCaprio*** nahm 1984 an einem ***Breakdance-Turnier in Oer-Erkenschwick*** teil.

656 // In Essen sind ***215 Stolpersteine*** zum Gedenken an Opfer des NS-Regimes ins Pflaster eingelassen.

657 // Mit etwa 3.000 Rädern ist das ***Fahrradverleihsystem »metropolradruhr«*** das größte Deutschlands.

658 // Der ***spanische Film »El Olivo – Der Olivenbaum«*** wurde im Hans-Sachs-Haus und am Alfred-Fischer-Platz in ***Gelsenkirchen*** gedreht. Im Film werden diese Orte allerdings Düsseldorf zugeordnet.

659 // Datteln hatte schon acht Jahre lang ***ein eigenes Wappen***, bevor es 1936 den Stadtrang erhielt.

660 // Die ***Provinzialstraße*** gehört zur Hälfte zu Waltrop und zur anderen Hälfte zu Datteln.

661 // In der Ruhrchemie AG in Oberhausen-Holten entwickelte der Chemiker Otto Roelen die Hydroformylierung, die als eine der ***bedeutendsten Entwicklungen der industriellen Chemie*** des 20. Jahrhunderts bezeichnet wird.

hotel
RT RI 107

662 // IN BOCHUM STEHT STATISTISCH GESEHEN ALLE 17 METER EIN VERKEHRSSCHILD.

663 // Der offizielle Name der Wuppertaler Schwebebahn lautet »Einschienige Hängebahn System Eugen Langen«.

664 // Das ***berühmteste Kochbuch*** des 19. und 20. Jahrhunderts hieß das »Praktische Kochbuch«. Autorin war die ***Dortmunderin Henriette Davidis***.

665 // Die 1954 gegründeten Internationalen ***Kurzfilmtage Oberhausen*** sind das älteste Kurzfilmfestival der Welt.

666 // Filmemacher ***Wim Wenders*** hat bei den Kurzfilmtagen Oberhausen seine ***erste Zigarette*** geraucht.

667 // Martin Scorsese, Roman Polanski, Milos Forman, Werner Herzog, Valie Export, Christoph Schlingensief und viele andere haben bei den Kurzfestspieltagen Oberhausen ***ihre frühen Arbeiten*** gezeigt.

668 // Etwa ***jede achte Arbeitsstelle in Duisburg*** ist direkt oder indirekt vom Duisburger Hafen abhängig.

669 // Am Sozialgericht Duisburg blieben im letzten Jahr über ***12.000 Fälle unerledigt***.

670 // DA DER ENGELBERT-BRUNNEN IN DER BOCHUMER KORTUMSTRASSE NACH SANIERUNGSARBEITEN DURCH FEHLER DER STADT UND MEHRKOSTEN VON 8.000 EURO NICHT MEHR AUFGESTELLT WERDEN KONNTE, WURDE DIE STADTBAHN-HALTESTELLE »ENGELBERT-BRUNNEN/BERMUDADREIECK« IN »BERMUDA3ECK/MUSIKFORUM« UMBENANNT. KOSTENPUNKT FÜR DIE UMBENENNUNG: 30.000 EURO.

---

671 // Die 90 Unternehmen und Behördendienststellen am ***Dortmunder Flughafen*** beschäftigen insgesamt 1.600 Mitarbeiter.

672 // Die Hansestadt Breckerfeld ist der ***südlichste Punkt des Ruhrgebiets*** und hat mit dem Wengeberg gleichzeitig den ***höchsten Punkt des Ruhrgebiets***.

673 // Popsängerin ***Nena*** ist im Ruhrgebiet in Hagen geboren und ***in Breckerfeld aufgewachsen***.

674 // 2016 gab es im Ruhrgebiet ***1.646.801 sozialversicherungspflichtig Beschäftigte***.

675 // Die Halde Zollverein I/II ist die ***älteste und kleinste Bergehalde*** des Ruhrgebietes.

Türkische Spezialitäten
Holzfeuer
Steinofen

676 // In einem Sportcenter in Bochum-Linden steht die erste »Footbowl«-Bahn der Welt, ***die Fußball und Bowling miteinander verbindet***.

677 // Hagen war einer der ersten Orte in Deutschland mit ***Bauten im Jugendstil***.

678 // IN DORTMUND UND DUISBURG WIRD STATISTISCH GESEHEN JEDE STUNDE EIN HALBES KIND GEBOREN.

---

679 // In der Bochumer Zeche Hannover steht die ***älteste am Originalstandort erhaltene Dampfmaschine*** des Steinkohlenbergbaus im Ruhrgebiet.

680 // Alle zwei Jahre findet auf dem Gelände der ***Bochumer Zeche Hannover*** das größte Dampffestival Deutschlands statt, bei dem ***Straßenfahrzeuge unter Dampf*** präsentiert werden.

681 // Mit einem Tante-Emma-Laden in der Huestraße 89 in Essen-Schonnebeck begann 1913 die ***Geschichte des Discounters ALDI***. Noch heute steht hier eine Filiale.

682 // 67,5 Prozent der Plätze im BVB-Stadion Signal Iduna Park sind an ***Dauerkarteninhaber*** verkauft.

683 // 2015 erwirtschaftete die Stadt Duisburg erstmals seit 24 Jahren einen ***Jahresüberschuss***.

684 // Die größte Halde der Zeche Zollverein, Halde Zollverein 4/11 war davor ***ein Flugplatz und ein Kartoffelacker***.

685 // Hamborner Realschüler haben am Duisburger Ruhrufer und im Hafen 25 Infotafeln mit einem Code aufgestellt, der den Einsatzkräften bei einem Unfall den ***genauen Standort*** verrät.

686 // DAS ESSENER AALTO-THEATER WURDE VOM BERÜHMTEN FINNISCHEN ARCHITEKTEN ALVAR AALTO 1959 ENTWORFEN. 1976 STARB AALTO. ERST ZWISCHEN 1983 UND 1988 WURDE DER BAU DES HAUSES REALISIERT.

---

687 // In Breckerfeld gibt es eine Ortschaft, die Schiffahrt heißt. Sie hat nach der Rechtschreibreform ***kein drittes »f«*** dazubekommen.

688 // Die größte Universität im Ruhrgebiet, die ***Ruhr-Universität Bochum***, ist gleichzeitig die sechstgrößte Uni in Deutschland.

689 // Die ***Arena auf Schalke*** wurde nicht in Gelsenkirchen-Schalke, sondern in Gelsenkirchen-Erle gebaut.

P

690 // Die Straßenbahnlinie 305 zwischen Recklinghausen Hauptbahnhof und Herne Bahnhof war 1982 die ***letzte Straßenbahnlinie im Vest***.

691 // Auf dem von Alfred Krupp gestifteten ***Bismarck-Denkmal in Essen*** ist auf einem Bronzerelief Alfred Krupp selbst abgebildet, wie er Otto von Bismarck seine Geschütze zeigt.

692 // In Schloss Landsberg im Ruhrtal zwischen Mülheim und Essen-Kettwig befinden sich im Wintergarten Skulpturen, die der damalige Besitzer ***August Thyssen persönlich bei Auguste Rodin*** in Paris gekauft hat.

693 // In Gelsenkirchen kostet ein ***Kindergartenplatz*** bis zu 770 Euro im Monat.

694 // UNTER DEN ZEHN DEUTSCHEN STÄDTEN MIT DER HÖCHSTEN PRO-KOPF-VERSCHULDUNG DEUTSCHLANDS SIND FÜNF RUHRGEBIETSSTÄDTE ZU FINDEN.

695 // Die Vestischen Straßenbahnen der Emscher-Lippe-Region erwischen ***pro Tag etwa 1.644 Schwarzfahrer***.

696 // Das Koepchenwerk in Herdecke war das ***erste Pumpspeicherkraftwerk*** Deutschlands.

697 // Ramona Pfeiffer vom TLV Germania Überruhr sprang im Stadion des Sportparks Am Hallo in Essen 2016 vier Tage nach ihrem 55. Geburtstag mit 5,06 Metern den ***Weltrekord im Weitsprung in der Altersklasse W 55***.

698 // Von der Stadtmauer, die die ***Duisburger Innenstadt komplett umschloss***, waren nach dem Zweiten Weltkrieg 80 Prozent erhalten, heute sind es nur noch 26 Prozent.

699 // Die noch bestehenden 670 Meter Duisburger Stadtmauer bilden die älteste in diesem Umfang erhaltene steinerne ***mittelalterliche Stadtmauer im deutschen Sprachraum***.

700 // 1970 hat der Heraldiker Kurt Schweder ***45 inoffizielle Wappen*** für die Essener Stadtteile entworfen.

701 // In Duisburg können wegen Lehrermangels nur etwa ***drei von 70 ausgeschriebenen Lehrer-Stellen*** besetzt werden.

702 // DIE MEISTEN RAUCHER DES RUHRGEBIETS WOHNEN IN GELSENKIRCHEN (34,1 PROZENT), GEFOLGT VON OBERHAUSEN (30 PROZENT) UND DUISBURG (29,5 PROZENT).

---

703 // In der Saison 2015/16 hatte Borussia Dortmund 14,47 Millionen ***Likes bei Facebook***, der FC Schalke 04 hatte 2,8 Millionen.

ZIGARREN

704 // DER U-BAHNHOF BOCHUM RATHAUS-SÜD HAT DIE EINZIGE UNTERIRDISCHE BRÜCKE DEUTSCHLANDS. ÜBER SIE FÜHRT DIE LINIE 306.

705 // Mit dem ***Bau der neuen Firmenzentrale*** der Funke Mediengruppe (WAZ) in Essen ist die Firma AllesWirdGut betraut.

706 // Im Lehrstollen der ehemaligen Zeche Ewald in Herten kann man ***unter Tage heiraten***.

707 // Die international bekannte ***Großdisko Tarm Center*** in Bochum, die von 1986 bis 2003 bestand, kann man auf der Seite eines Fans im Internet ***virtuell nachgebildet*** besuchen.

708 // Das ***Straßennetz*** des Ruhrgebiets ist insgesamt etwa 4.657 Kilometer lang.

709 // Die Facebook-Seite ***»Lost Places Ruhrpott«*** fotografiert und dokumentiert verlassene Orte im Ruhrgebiet.

710 // Die Akademie Mont-Cenis in Herne hat die ***größte dachintegrierte Solaranlage*** der Welt.

711 // Duisburg und Köln haben mit sechs Vorwahlen ***die meisten Vorwahlen innerhalb einer Stadt*** in Deutschland.

MIRELA STANLY IST IN MÜNCHEN GEBOREN. SIE SCHRIEB ZAHLREICHE SKETCHE, DREHBÜCHER UND KONZEPTE FÜR RADIO UND FERNSEHEN.

Für den Emons Verlag hat sie bereits mehrere Bücher in der »Unnützes Wissen«-Reihe geschrieben, u.a. Köln, Berlin, München und Frankfurt. Sie lebt in Köln.